이화
한국어

이화 한국어 Workbook 1-2

지은이 이미혜 · 구재희 · 박선현 · 안소정 · 오유영

펴낸날 1판 1쇄 2011년 7월 15일
7쇄 2020년 4월 20일

펴낸이 이승아 **펴낸곳** 이화여자대학교출판문화원
주소 서울특별시 서대문구 이화여대길 52(우 03760) **등록** 1954년 7월 6일 제9-61호
전화 02) 3277-2965(편집), 02) 362-6076(마케팅)
팩스 02) 312-4312 **전자우편** press@ewha.ac.kr **홈페이지** www.ewhapress.com

책임편집 이혜지 **디자인** design Vita **일러스트** 양승용
녹음 정영진 **성우** 최정호, 최하나 **인쇄** 한영문화사

ISBN 978-89-7300-917-6 18710
978-89-7300-875-9 (세트)
값 10,000원

* 잘못된 책은 구입처에서 바꾸어 드립니다.

이화여자대학교 언어교육원
Ewha Womans University
Ewha Language Center

이화 한국어

이미혜·구재희·박선현·안소정·오유영 지음

KOREAN

Workbook 1-2

책을 펴내면서

이화여자대학교 언어교육원은 국내 최초의 의사소통 중심 교재『말이 트이는 한국어(Pathfinder in Korean)』를 발간한 지 12년 만에 새로운 의사소통 중심 교재『이화 한국어(Ewha Korean)』를 발간하게 되었습니다. 지난 10여 년 동안『말이 트이는 한국어(Pathfinder in Korean)』는 세계 각국에서 한국어 교재로 널리 사용되어 왔으며 현재까지도 외국인들에게 한국어 학습의 좋은 길잡이가 되고 있습니다. 그러나 새로운 시대 흐름에 맞춘 교재 집필이 필요하다고 생각되어 언어교육원에서는 2008년부터『이화 한국어(Ewha Korean)』개발에 착수하였으며, 교육과학기술부의 '2009 한국어 연수 프로그램 지원사업'에 선정되어 교재 개발에 박차를 가할 수 있게 되었습니다. 그리고 지난 일 년 간 언어교육원 한국어 과정에서 몇 차례의 시험 사용, 수정 작업을 거쳐 발간하기에 이르렀습니다.『이화 한국어(Ewha Korean)』시리즈는 1급에서 6급까지 총 30권의 교재와 연습서로 구성되며, 앞으로 단계적으로 발간될 예정입니다.

『이화 한국어(Ewha Korean)』는 말하기·듣기·읽기·쓰기의 통합 교재이며 초급부터 고급까지 연계적으로 구성되어 있습니다. 이 교재는 네 가지 언어 기능의 균형 있는 발전을 유도하면서도 특히 말하기 능력을 강화하도록 고안된 것이 특징입니다. 말하기 연습을 유도하는 장치로 'Try it'을 활용하였는데 이것은 외국인 학습자가 주도적으로 대화를 이끌어 갈 수 있도록 담화 순서와 문장의 핵심어를 담은 것입니다. 이 장치를 따라 말하기 연습을 함으로써 학습자는 단순 암기 방식에서 벗어나서 주도적으로 대화를 이끌어 가는 능력을 기를 수 있을 것입니다. 또한 최근 학습자 성향과 편의를 고려하여 1~3급은 교재를 두 권으로 구성하였으며, 1급과 2급은 영어, 일본어, 혹은 중국어(간체, 번체)로 설명을 넣는 등 세밀하게 학습자 요구를 반영하고자 하였습니다.

이화여자대학교 언어교육원을 대표하여,『이화 한국어(Ewha Korean)』가 출간되기까지 이 책의 저자들이 쏟은 열정과 노고에 대해서 깊은 감사를 드립니다. 또한 내용 구성에 많은 조언을 해 주신 이해영, 김영규, 최형용, 박선희 교수님께 감사의 말씀을 드리며, 문학 부분에 조언을 해 주신 김현자 교수님께도 감사의 말씀을 드립니다. 또한 편집과 출판을 맡아 주신 이화여자대학교출판부에도 고마움을 전합니다.

앞으로『이화 한국어(Ewha Korean)』가 국내외에서 한국어 교재로 널리 활용되어 한국어를 쉽고 재미있고 효과적으로 교수·학습하는 데 기여하기를 기대합니다.

2010년 6월
이화여자대학교 언어교육원
원장 양 혜 순

차례

Workbook 구성표

단원	제목	내 용		
		어휘	준비합시다	말해 봅시다
8	물건 사기	선물 단위	명, 마리, 개 가격 에게, 한테 보다 −지 않다	생일 선물 조언하기 표현 가격 흥정하기 선물 추천하기 손님에게 인사하기
9	계획	한국 문화	의 −(으)ㄹ 거예요 −고 있다 −(으)ㄴ 후에 −(으)러 가다	휴가 계획 말하기 표현 휴가 인사하기 계획 묻기
10	음식	음식의 맛 음식과 식당 식료품	−(으)ㄹ까요, −(으)ㅂ시다 −고 싶다 −아/어서 ㅂ 불규칙	음식 추천하기 표현 식당에 대해 평가하기 음식 맛에 대해 묻기
11	교통	교통 수단 교통 관련 어휘	(으)로(수단) ㄷ 불규칙 에서 ~까지 −(으)려고 하다 −(으)십시오	목적지까지 가는 방법 말하기 표현 지하철 이용 방법 말하기 소요 시간 말하기
12	날씨	날씨 계절	−고 (이)나 −(으)면 −(으)ㄴ/는 −겠−	여행할 도시의 날씨 정보 얻기 표현 여행 준비물 조언 구하기 날씨 말하기 기온 말하기
13	전화	전화 관련 어휘	−지요 −아/어 주다 에게서, 한테서 −(으)ㄹ게요 요	전화로 모임에 대한 정보 주기 표현 전화 걸기 전화해서 사람 찾기 메모 부탁하기
14	약속	운동 악기 연주	−(으)ㄹ 수 있다 못 −고(순서) −기 전에 −아/어야 하다	약속 변경하기 표현 약속 변경 제안하기 시간 내 달라고 부탁하기 가능한 시간 말하기
15	취미	취미 동아리	−는 −(으)ㄴ/(으)ㄹ −아/어 보다 −아/어도 되다 −(으)면 안 되다	동아리 활동에 대해 소개하기 표현 취미 말하기 동아리 가입 권유하기

내 용

들어 봅시다	읽고 써 봅시다
받아쓰기 물건 가격 듣고 쓰기 가게에서 물건 사는 대화 듣기	쇼핑 경험에 대한 글 읽기 슈퍼마켓 전단지 읽기 쇼핑 경험에 대한 글 쓰기
받아쓰기 오후 계획에 대한 대화 듣기 주말 계획에 대한 대화 듣기	콘서트 관람 계획에 대한 글 읽기 한국 여행 계획에 대한 글 읽기 미래 계획에 대한 글 완성하기
받아쓰기 식당 소개하는 대화 듣기	좋아하는 음식에 대한 글 읽기 커피숍 소개글 읽기 좋아하는 음식에 대한 글 쓰기
받아 쓰기 길 묻는 대화 듣고 목적지 찾기 기차표 예매하는 대화 듣기	관광 코스 소개의 글 읽기 관광 코스 소개의 글 완성하기
받아쓰기 날씨와 기온 듣고 연결하기 일기예보 듣기	이메일 읽기 서울 생활에 대한 글 읽기 정보 보고 이메일 답장 완성하기
받아쓰기 전화로 예약하는 대화 듣기	모임에 대한 글 읽기 생일 파티에 대한 글 읽기 생일 파티에 대한 글 쓰기
받아쓰기 주말 약속에 대한 대화 듣기	실수 경험에 대한 글 읽기 이메일 읽고 답장 쓰기
받아쓰기 취미 생활에 대한 대화 듣기	취미에 대한 글 읽기 동아리 소개의 글 읽기 취미 생활에 대한 글 쓰기

Workbook 구성과 사용법

● 『이화 한국어 Workbook 1-1』, 『이화 한국어 Workbook 1-2』는 『이화 한국어 1-1』, 『이화 한국어 1-2』에 맞춰 개발된 연습서입니다. 이 연습서는 교재 내용에 대해 보충 학습, 심화 학습이 가능하도록 설계하였으며, 교실 내 수업과 개인학습에서 모두 사용할 수 있도록 개발하였습니다.

● 『이화 한국어 Workbook 1-1』, 『이화 한국어 Workbook 1-2』는 교재 구성에 맞춰 **어휘** ⇨ **준비합시다** ⇨ **말해 봅시다** ⇨ **들어 봅시다** ⇨ **읽고 써 봅시다** 로 구성하였습니다.

어휘 단원의 주요 어휘에 대한 연습과 퍼즐입니다. 이 부분에서 다룬 어휘들은 단원의 필수 어휘이므로 반드시 학습자가 기억해야 하는 내용들입니다.

준비합시다 단원의 문법 항목에 대해 1~2개의 연습을 제시하여 정확한 문법 사용 능력을 기를 수 있도록 설계하였습니다. 이 부분에서 다룬 연습 문제는 교재의 문법 학습 시에 함께 사용할 수 있으며, 학습자 스스로 복습 자료로 사용할 수도 있습니다.

말해 봅시다 단원의 Part 1, Part 2에서 다룬 표현(기능 표현)과 말하기 과제를 연습하는 부분입니다. 워크북의 대화는 교재의 말하기 과제와 상황은 유사하지만 내용이 일부 변형되어 있으므로 교재 학습 후에 추가 자료로 사용할 수 있습니다. 말하기 연습이지만 개인 학습을 고려하여 '대화문의 빈칸 채우기'로 구성하였으므로 대화 상대자가 없어도 활용이 가능합니다.

들어 봅시다 '듣고 쓰기', '듣고 이해하기' 연습입니다. 초급의 특성을 고려하여 단원의 주요 어휘와 문법을 포함한 5개의 받아쓰기를 제시하였습니다. 그리고 간단한 대화, 좀더 긴 대화 듣기 연습을 제시하였습니다.

읽고 써 봅시다 읽기와 쓰기의 통합 연습입니다. '읽기'는 짧고 간단한 글에서 좀더 길고 복잡한 글로 확장하여 제시하였습니다. 그리고 읽기 주제, 과제와 관련된 글쓰기를 제시하였습니다. '쓰기'는 쓸 내용을 메모하는 부분, 글을 쓰는 부분으로 나누었는데 이것은 과정 중심의 쓰기를 유도하고, 유도된 쓰기를 통해 학습자 부담을 줄여 주고자 하는 의도입니다. '듣기 지문 및 정답' 부분에 모범글을 제시하였으므로 학습자 스스로 확인 학습이 가능할 것입니다.

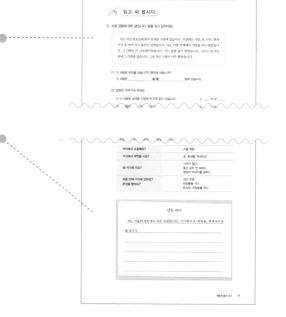

제8과 물건 사기 *Shopping*

ᄀᄃ 어휘

1. 알맞은 단어를 쓰세요.

(1)

화장품

(2)

(3)

(4)

(5)

(6)

2. 반대말을 쓰세요.

(1) 배우다 ⟺ <u>가르치다</u>

(2) 던지다 ⟺ _____

(3) 사다 ⟺ _____

(4) 비싸다 ⟺ _____

(5) 낮다 ⟺ _____

3. 관계있는 것을 연결하세요.

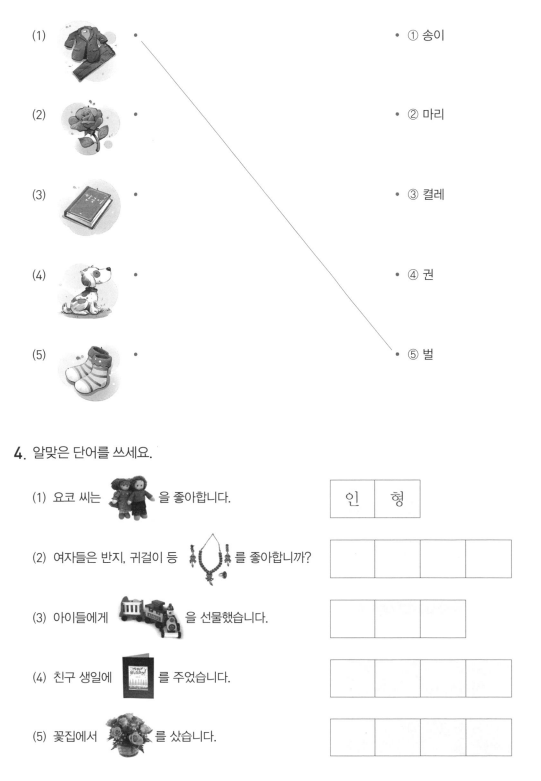

(1)   •

(2)   •

(3)   •

(4)   •

(5)   •

• ① 송이

• ② 마리

• ③ 켤레

• ④ 권

• ⑤ 벌

4. 알맞은 단어를 쓰세요.

(1) 요코 씨는   을 좋아합니다.

인	형

(2) 여자들은 반지, 귀걸이 등   를 좋아합니까?

(3) 아이들에게   을 선물했습니다.

(4) 친구 생일에   를 주었습니다.

(5) 꽃집에서   를 샀습니다.

01 명, 마리, 개

1. 알맞은 것을 골라 대화를 완성하세요.

명	마리	잔	권	장

(1) A: 우표 <u>열 장</u> 주세요.

B: 여기 있습니다.

(2) A: 서점에서 뭘 샀어요?

B: 한국어 책을 _____ 샀어요.

(3) A: 요코 씨 반에 일본 사람이 있어요?

B: 네, 일본 사람이 _____ 있어요.

(4) A: 수진 씨, 고양이를 좋아해요?

B: 네, 아주 좋아해요. 우리 집에 고양이가 _____ 있어요.

(5) A: 민호 씨, 커피 마셨어요?

B: 네, 오늘 _____ 마셨어요. 이제 더 안 마셔요.

02 가격

1. 가격을 쓰세요.

(1) 6,500원 ⇨ <u>육천오백 원</u>

(2) 27,080원 ⇨ _____

(3) 41,253,000원 ⇨ _____

(4) 650,450원 ⇨ _____

(5) 1,100,000원 ⇨ _____

(6) 790,000원 ⇨ _____

2. 그림을 보고 대화를 완성하세요.

(1) 472,000원

A: 사진기가 얼마예요?

B: <u>사십칠만 이천 원이에요</u>.

(2) 990,000원

A: 세탁기가 얼마예요?

B: _____.

(3) 134,000원

A: 다리미가 얼마예요?

B: _____.

(4) 1,211,000원

A: 냉장고가 얼마예요?

B: _____.

03 에게, 한테

1. 알맞은 것을 고르세요.

(1) 요코 씨가 꽃 (에, 에게) 물을 주었어요

(2) 엄마가 아이 (에, 에게) 우유를 줍니다

(3) 언제 미국 (에, 에게) 전화했어요?

(4) 어제 누구 (에, 에게) 이메일을 보냈어요?

(5) 저는 중학교에서 학생들 (에, 에게) 수학을 가르쳐요.

2. 그림을 보고 문장을 완성하세요.

(1) 학생, 선생님, 질문하다

⇒ <u>학생이 선생님에게 질문합니다</u>.

(2)  선생님, 학생, 수학, 가르치다

⇨ _____.

(3)  지난주, 마이클, 여자 친구, 꽃다발, 주다

⇨ _____.

(4)  왕카이, 동생, 편지, 쓰다

⇨ _____.

04 보다

1. 그림을 보고 '보다'를 사용해서 대화를 완성하세요.

(1) A: 마이클이 더 커요, 요코가 더 커요?

B: 마이클이 요코보다 더 커요_____.

(2) A: 의자가 더 많아요, 책상이 더 많아요?

B: _____.

(3) A: 자전거가 더 빨라요, 버스가 더 빨라요?

B: _____.

(4) A: 배가 더 싸요, 사과가 더 싸요?

B: _____.

05 –지 않다

1. 표를 완성하세요.

기본형	–지 않아요	–지 않았어요
다니다	다니지 않아요	
쉬다		
읽다		
하다		하지 않았어요
듣다		
만들다		

2. '–지 않다'를 사용해서 대화를 완성하세요.

(1) A: 한국 뉴스를 자주 봐요?

B: 아니요, 한국 뉴스를 <u>보지 않아요</u>. 뉴스는 너무 어려워요.

(2) A: 요코 씨는 어머니를 닮았어요?

B: 아니요, 어머니를 ＿＿＿＿＿＿＿＿＿＿＿＿＿＿＿. 저는 아버지를 닮았어요.

(3) A: 나타샤 씨는 작년에도 서울에서 살았어요?

B: 아니요, 작년에는 서울에서 ＿＿＿＿＿＿＿＿＿＿. 러시아에서 회사에 다녔어요.

(4) A: 소라 씨가 이 피자를 먹었어요?

B: 아니요, 저는 피자를 ＿＿＿＿＿＿＿＿＿＿＿＿＿＿＿＿＿.

(5) A: 지난달에 고향에 갔어요?

B: 아니요, 지난달에 고향에 ＿＿＿＿＿＿＿＿＿＿＿. 지난달에 바빴어요.

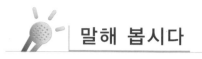
말해 봅시다

1. 알맞은 것을 고르세요.

(1)
> A: 이 바나나는 얼마예요?
>
> B: 2,500원이에요.
>
> A: 너무 비싸요. 좀 _____.
>
> B: 그럼 2,300원만 주세요.

① 깎아 주세요　　　　② 많이 주세요

(2)
> A: 여자 친구 생일에 무엇을 선물할까요?
>
> B: _____?
>
> A: 그게 좋겠어요.

① 액세서리를 살까요　　② 액세서리가 어때요

(3)
> A: 손님, _____?
>
> B: 장갑 있어요?

① 뭘 찾으세요　　　　② 무엇을 사고 싶어요

2. 생일 선물을 조언하는 대화입니다. 대화를 완성하세요.

> 요코　이번 주 일요일이 남자 친구 생일이에요.
>
> 수진　그래요? 생일 선물을 샀어요?
>
> 요코　아니요, 아직 사지 않았어요. _____?
>
> 수진　시계가 어때요? 남자들은 멋있는 시계를 좋아해요.
>
> 요코　시계는 좀 비싸요. _____?
>
> 수진　그럼 지갑은 어때요? 시계보다 싸요.
>
> 요코　그래요, _____. 고마워요.

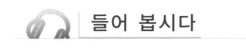

1. 받아쓰기를 하세요.　　　　　　　　　　　　　　　①

(1) _____

(2) _____

(3) _____

(4) _____

(5) _____

2. 가게에서의 대화입니다. 듣고 가격을 쓰세요.　　　②

(1)　　　　　　　　　(2)　　　　　　　　　(3)

_____ 원　　　_____ 원　　　_____ 원

3. 가게 주인과 손님의 대화입니다. 대화를 듣고 답하세요.　　③

(1) 얼마입니까?

① _____ 원　　　② _____ 원

(2) 이 사람은 무엇을 샀습니까?

① 　②　 ③

(3) 무엇이 세일입니까?

① 양말, 장갑, 목도리　　　② 장갑, 목도리　　　③ 목도리

1. 쇼핑 경험에 대한 글입니다. 글을 읽고 답하세요.

> 저는 지난 토요일에 혼자 동대문 시장에 갔습니다. 시장에는 가방, 옷, 구두, 액세서리 등 여러 가지 물건이 있었습니다. 저는 가방 가게에서 가방을 하나 골랐습니다. 그 가방은 27,000원이었습니다. 저는 값을 많이 깎았습니다. 그리고 18,000원에 그 가방을 샀습니다. 그날 저는 기분이 아주 좋았습니다.

(1) 이 사람은 무엇을 샀습니까? 얼마에 샀습니까?

　　이 사람은 ＿＿＿＿＿＿＿＿을/를 ＿＿＿＿＿＿＿＿원에 샀습니다.

(2) 알맞은 것에 ✔표 하세요.

　　① 이 사람은 남대문 시장에 친구와 같이 갔습니다.　　　네 ＿＿＿＿ 아니요 ＿＿＿＿

　　② 이 사람은 여러 가지를 샀습니다.　　　　　　　　네 ＿＿＿＿ 아니요 ＿＿＿＿

　　③ 이 사람은 값을 안 깎았습니다.　　　　　　　　　네 ＿＿＿＿ 아니요 ＿＿＿＿

2. 슈퍼마켓 전단지입니다. 읽고 알맞은 것에 ✔표 하세요.

SALE 오늘 마지막 세일!				SK 슈퍼마켓
귤 3kg ~~20,000원~~ 16,900원	딸기 3kg ~~27,000원~~ 24,800원	포도 3kg ~~17,000원~~ 15,500원	배 6개 ~~12,000원~~ 10,000원	복숭아 5개 ~~12,000원~~ 10,000원
주스 3병 7,900원	우유 6팩 2,800원	라면 5개 2,000원	물 6병 6,000원	콜라 2병 3,500원

(1) 내일까지 세일입니다. 네 _____ 아니요 _____

(2) 귤이 딸기보다 비쌉니다. 네 _____ 아니요 _____

(3) 배가 복숭아보다 쌉니다. 네 _____ 아니요 _____

(4) 오렌지 주스 두 병에 7,000원입니다. 네 _____ 아니요 _____

(5) 라면 다섯 개에 2,000원입니다. 네 _____ 아니요 _____

3. 메모를 보고 쇼핑 경험에 대한 글을 완성하세요.

어디에서 쇼핑해요?	서울 명동
거기에서 무엇을 사요?	옷, 화장품, 액세서리
왜 거기에 가요?	가게가 많다 물건 값이 안 비싸다 점원이 외국어를 잘하다
요즘 언제 거기에 갔어요? 무엇을 했어요?	지난 주말 – 화장품을 사다 – 한식당, 비빔밥을 먹다

명동에서

저는 서울의 명동에서 자주 쇼핑합니다. 거기에서 옷, 화장품, 액세서리 등

을 삽니다. _____

_____

_____

_____

제**9**과 계획 *Plans*

어휘

1. 관계있는 것을 연결하세요.

(1) 테니스 •   • ① 추다

(2) 안경 •   • ② 쓰다

(3) 춤 •   • ③ 하다

(4) 촛불 •   • ④ 찍다

(5) 사진 •   • ⑤ 켜다

2. 알맞은 것을 골라 쓰세요.

생신	여행	한국 음식	운동

(1) 생신 → 선물 / 케이크 / 촛불

(2) ☐ → 여권 / 숙소 / 공항

(3) ☐ → 테니스 / 조깅 / 태권도

(4) ☐ → 잡채 / 냉면 / 불고기

3. 알맞은 것을 연결하세요.

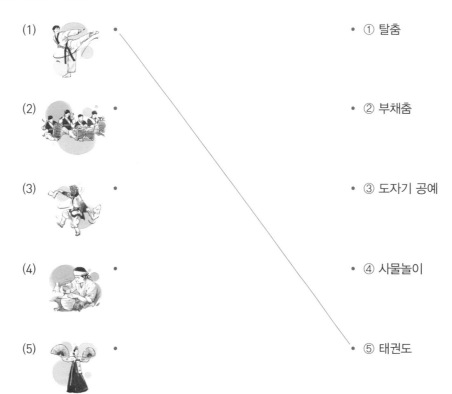

(1) •　　　　　　　　　　　• ① 탈춤

(2) •　　　　　　　　　　　• ② 부채춤

(3) •　　　　　　　　　　　• ③ 도자기 공예

(4) •　　　　　　　　　　　• ④ 사물놀이

(5) •　　　　　　　　　　　• ⑤ 태권도

4. 단어를 찾으세요.

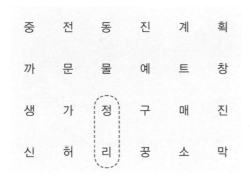

중	전	동	진	계	획
까	문	물	예	트	창
생	가	정	구	매	진
신	허	리	꿍	소	막

(1) 가방 안에 물건들이 많이 있습니다. 가방 안이 너무 복잡합니다. 그래서 가방을 ○○ 합니다.

(2) 8월에 중국에 갈 겁니다. 8월에 사람들이 여행을 많이 갑니다. 그래서 비행기 표를 ○○ 합니다.

(3) 언니는 대학교에서 요리를 공부했습니다. 음식을 잘 만듭니다. 지금 요리를 가르칩니다. 언니는 요리 ○○○ 입니다.

(4) 주말 ○○, 여행 ○○,   방학 ○○

(5) 동생 생일.   어머니 ○○

준비합시다

01 의

1. 그림을 보고 대화를 완성하세요.

 마이클

 왕카이

 요코

(1) A: 누구의 열쇠예요?

  B: <u>마이클의 열쇠예요</u>.

(2) A: 누구의 화장품이에요?

  B: _____.

(3) A: 누구의 신문이에요?

  B: _____.

(4) A: 요코의 연필이에요?

  B: 아니요, _____.

(5) A: 마이클의 휴대전화예요?

  B: 아니요, _____.

02 -(으)ㄹ 거예요

1. 표를 완성하세요.

기본형	-(으)ㄹ 거예요	-(으)ㄹ 겁니다
가다		갈 겁니다
입학하다		
먹다	먹을 거예요	
입다		
만들다	만들 거예요	
듣다		

2. 글을 완성하세요.

> **지난 토요일에** 제 친구가 한국에 왔습니다. 그래서 저는 친구와 같이 인사동에 갔습니다. 점심은 비빔밥을 먹었습니다. 저녁에는 명동에서 쇼핑했습니다. 일요일 아침에는 한옥마을에 갔습니다. 한옥마을에서 전통 결혼식을 구경했습니다. 저녁에 장을 봤습니다. 친구는 한국 요리를 좋아합니다. 친구와 같이 직접 잡채를 만들었습니다.

⇩

> **이번 토요일에** 제 친구가 한국에 <u>올 겁니다</u>. 그래서 저는 친구와 같이 인사동에 _____. 점심은 비빔밥을 _____. 저녁에는 명동에서 _____. 일요일 아침에는 한옥마을에 갈 겁니다. 한옥마을에서 전통 결혼식을 구경할 겁니다. 저녁에 장을 _____. 친구는 한국 요리를 좋아합니다. 친구와 같이 직접 잡채를 _____.

03 −고 있다

1. 그림을 보고 대화를 완성하세요.

(1) 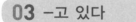 A: 마이클 씨가 뭐 하고 있어요?

B: <u>공부하고 있어요</u> .

(2) A: 영민 씨가 뭐 하고 있어요?

B: _____ .

(3) A: 나타샤 씨가 신문을 읽고 있어요?

B: _____ .

(4) A: 왕카이 씨가 자고 있어요?

B: _____ .

1. 표를 완성하세요.

기본형	–(으)ㄴ 후에	기본형	–(으)ㄴ 후에
오다	온 후에	청소하다	
쓰다		숙제하다	
먹다		만들다	
씻다		듣다	

2. 김영민의 하루 일과입니다. 그림을 보고 글을 완성하세요.

일어나다　　샤워하다　　아침을 먹다　　커피를 마시다　　회사에 가다

일하다　　집에 돌아오다　　저녁 식사를 하다　　텔레비전을 보다　　자다

김영민 씨는 아침 7시에 일어납니다. 그리고 샤워한 후에 아침을 먹습니다.

_____ 후에 커피를 마십니다. _____ 후에

9시까지 회사에 갑니다. 오전 9시부터 오후 6시까지 회사에서 일합니다. 6시 30분에

집에 돌아옵니다. 그리고 _____ 후에 텔레비전을 봅니다.

그리고 12시쯤 잡니다.

05 -(으)러 가다

1. 알맞은 것을 골라서 대화를 완성하세요.

선생님을 만나다	책을 읽다	편지를 보내다	장을 보다	친구를 마중하다

(1) A: 교실에 왜 가요?

    B: <u>선생님을 만나러 가요</u>.

(2) A: 시장에 왜 가요?

    B: _____.

(3) A: 우체국에 왜 가요?

    B: _____.

(4) A: 어제 공항에 왜 갔어요?

    B: _____.

(5) A: 어제 도서관에 왜 갔어요?

    B: _____.

2. '-(으)러 가다'를 사용해서 문장을 완성하세요.

(1) 보통 식사 후에 <u>커피를 마시러</u> 커피숍에 갑니다.

(2) 어제 수업이 끝난 후에 _____ 스포츠 센터에 갔습니다.

(3) 저는 영어 선생님입니다. 작년 8월에 _____ 한국에 왔습니다. 지금 이화여자대학교에서 영어를 가르칩니다.

(4) 저는 영화를 좋아합니다. 그래서 주말에 _____ 영화관에 자주 갑니다.

(5) 여권을 만들 겁니다. 그렇지만 여권 사진이 없습니다. 그래서 수업 후에 _____ 사진관에 갈 겁니다.

(6) 오늘은 여자 친구의 생일입니다. 여자 친구는 꽃을 좋아합니다. 퇴근 후에 _____ 꽃집에 갈 겁니다.

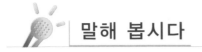

말해 봅시다

1. 알맞은 것을 고르세요.

(1)
A: 이번 휴가에 파리에 갈 거예요.

B: 그래요? 좋겠어요. _____.

① 휴가 잘 다녀오세요　　　② 잘 부탁합니다

(2)
A: _____?

B: 제주도에 갈 거예요.

① 휴가에 뭐 했어요　　　② 휴가에 뭐 할 거예요

(3)
A: _____?

B: 점심을 먹으러 식당에 갈 거예요.

① 수업이 끝난 후에 뭐 할 거예요　　　② 수업이 끝난 후에 시간이 있어요

2. 휴가 계획표를 보고 대화를 완성하세요.

이치로　수진 씨, 휴가가 언제예요?

김수진　_____.

이치로　휴가에 뭐 할 거예요?

김수진　_____.

이치로　거기에서 뭐 할 거예요?

김수진　_____.

이치로　어디에서 묵을 거예요?

김수진　_____.

이치로　그래요? 정말 좋겠어요.

김수진의 휴가 계획

휴가 기간　7월 25일 ~ 8월 5일

휴가 계획　경주에 가다
　　　　　불국사를 구경하다

숙소　　　경주 호텔

🎧 들어 봅시다

1. 받아쓰기를 하세요.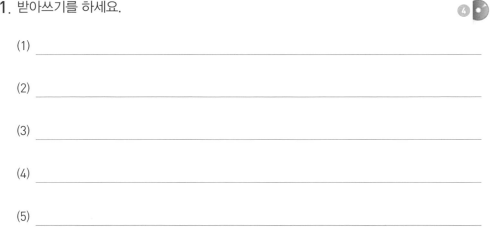

(1) _____

(2) _____

(3) _____

(4) _____

(5) _____

2. 대화를 듣고 알맞은 것에 ✔표 하세요.

(1) 두 사람은 오늘 한국 요리를 배울 겁니다. 　　　　네 _____ 아니요 _____

(2) 두 사람은 문화센터에서 점심을 먹을 겁니다. 　　네 _____ 아니요 _____

(3) 이치로 씨는 오늘 수업이 끝난 후에 시간이 없습니다. 　네 _____ 아니요 _____

3. 주말 계획에 대한 대화입니다. 대화를 듣고 답하세요.

(1) 언제 한강에 갈 겁니까?

_____월 _____일 _____요일

(2) 영민 씨와 티엔 씨 반 친구들은 무엇을 할 겁니까?

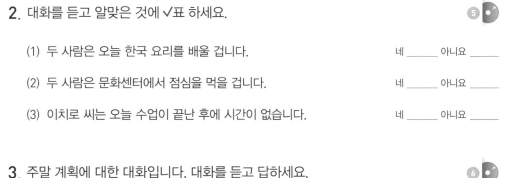

(　　　　　　　　　　　　　　　)

⇩

(　　　　　　자전거를 타다　　　　　　)

⇩

(　　　　　　　　　　　　　　　)

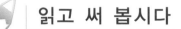

1. 알맞은 것에 ✓표 하세요.

> 요코 씨는 한국 노래를 아주 좋아합니다. 그래서 친구들과 같이 노래방에 자주 갑니다. 그리고 한국 가수의 콘서트에도 자주 갑니다. 요코 씨는 다음 달에도 친구들과 같이 콘서트에 갈 겁니다. 인터넷에서 콘서트 표를 예매했습니다. 요코 씨는 그날을 기다리고 있습니다.

(1) 요코 씨는 콘서트 표를 사지 않았습니다.　　　　　네 _____ 아니요 _____

(2) 요코 씨는 다음 달에 혼자 콘서트를 보러 갈 겁니다.　　네 _____ 아니요 _____

2. 미래 계획에 대한 글입니다. 글을 읽고 답하세요.

> 왕카이 씨는 한국 음식에 관심이 많습니다. 그래서 한국 요리를 배웠습니다. 왕카이 씨는 여러 가지 한국 음식을 잘 만듭니다. 그중에서 순두부찌개를 제일 잘 만듭니다. 지난달에 외국인 요리 대회에서 1등을 했습니다. 왕카이 씨는 기분이 정말 좋았습니다.
>
> 이번 학기가 끝난 후에 왕카이 씨는 한국의 여러 곳을 여행하고 지역 음식을 먹을 겁니다. 수원에서 갈비를 먹을 겁니다. 그리고 전주에서는 전주 비빔밥을 먹을 겁니다. 여행을 한 후에 일본에 돌아갈 겁니다. 내년에 한국 음식을 먹으러 다시 올 겁니다.

(1) 왕카이 씨는 무슨 음식을 제일 잘 만듭니까?

_____

(2) 알맞은 것에 ✓표 하세요.

① 왕카이 씨는 내년에 한국에 다시 올 겁니다.　　　　　　네 _____ 아니요 _____

② 왕카이 씨는 한국의 여러 곳을 여행하고 있습니다.　　　　네 _____ 아니요 _____

③ 왕카이 씨는 다음 학기에도 계속 한국어를 공부할 겁니다.　네 _____ 아니요 _____

3. 미래 계획을 메모하고 글을 완성하세요.

지금
· 한국에서 살다   · 한국어를 배우다

5년 후
· 한국 회사에 취직하다   · 결혼하다

10년 후
·   ·   ·

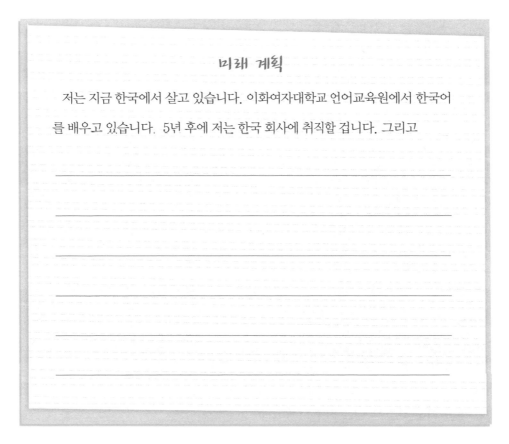

미래 계획

　저는 지금 한국에서 살고 있습니다. 이화여자대학교 언어교육원에서 한국어를 배우고 있습니다. 5년 후에 저는 한국 회사에 취직할 겁니다. 그리고

_____

_____

_____

_____

_____

_____

제10과 음식 *Food*

어휘

1. 관계있는 것을 연결하세요.

(1)   •   • ① 달다

(2)   •   • ② 쓰다

(3)   •   • ③ 짜다

(4)   •   • ④ 맵다

(5)   •   • ⑤ 시다

2. 알맞은 것을 쓰세요.

(1)	비빔밥, 냉면	–	한국 음식	–	한식집 / 한식당
(2)	스시, 우동	–		–	일식집
(3)	자장면, 탕수육	–		–	중국집/중식당

(4) 쌀국수, 월남쌈 — 베트남 음식 —

(5) 스파게티, 피자 — — 이탈리아 식당

3. 알맞은 단어를 쓰세요.

(1) 고기	(2)	(3)	(4)	(5)

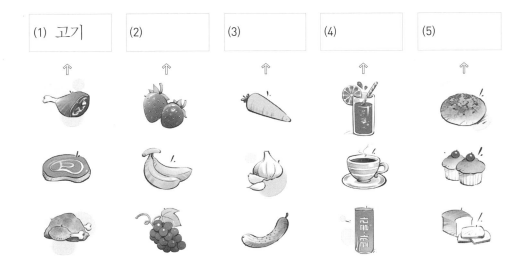

4. 단어를 찾으세요.

자	초	가	리	연	나
사	고	대	자	주	무
추	문	자	장	수	석
졸	업	카	쥐	줘	식
조	리	가	감	기	직

(1) 대학교 4학년입니다. 내년에 ○○ 할 겁니다. 그리고 취직할 겁니다.

(2) 날씨가 추웠습니다. 그래서 ○○ 에 걸렸습니다.

(3) 생일 모임에 친구를 초대합니다. ○○○ 을 보냅니다.

(4) 친구가 전화를 받지 않았습니다. 그래서 ○○ 메시지를 보냈습니다.

(5) 주말에 친구 결혼식이 있습니다. 저는 결혼식에서 피아노를 ○○ 할 겁니다.

준비합시다

01 −(으)ㄹ까요, −(으)ㅂ시다

1. 대화를 완성하세요.

(1) A: 식사한 후에 공원을 <u>산책할까요</u> ?

　　B: 좋아요. 산책합시다.

(2) A: 오늘 저녁에 _____ ?

　　B: 네, 외식합시다.

(3) A: 이번 토요일에 _____ ?

　　B: 네, 인사동에 갑시다.

(4) A: 점심에 _____ ?

　　B: 네, 비빔밥을 먹읍시다.

2. 대화를 완성하세요.

(1) A: 수업 후에 피자를 먹을까요?

　　B: 네, <u>피자를 먹읍시다</u> .

(2) A: 라디오를 들을까요?

　　B: 네, _____ .

(3) A: 저녁에 영화를 볼까요?

　　B: 아니요, _____ . 쇼핑합시다.

(4) A: 이번 토요일에 미셸 씨 송별회를 할까요?

　　B: 아니요, _____ . 금요일에 합시다.

02 -고 싶다

1. '-고 싶다'를 사용해서 대화를 완성하세요.

(1) A: 이번 주말에 뭐 하고 싶어요?

   B: <u>쉬고 싶어요</u> . 너무 피곤해요.

(2) A: 방학에 뭐 하고 싶어요?

   B: _____ . 저는 여행을 정말 좋아해요.

(3) A: 휴가에 어디에 가고 싶어요?

   B: _____ . 에펠탑을 보고 싶어요.

(4) A: 왕카이 씨, 점심에 피자를 먹고 싶어요?

   B: 아니요, _____ . 저는 한식을 먹고 싶어요.

(5) A: 요코 씨도 커피를 마시고 싶어요?

   B: 아니요, _____ . 저는 주스를 마시고 싶어요.

03 -아/어서

1. 표를 완성하세요.

기본형	-아/어요	-아/어서
오다	와요	
듣다		들어서
바쁘다		
(주부)이다		
(일요일)이다		

2. 관계있는 것을 연결하고 문장을 완성하세요.

(1) 배가 고파요 •   • ① 도서관에서 공부해요

(2) 시험이 있어요 •   • ② 선물을 사러 가요

(3) 감기에 걸렸어요 •   • ③ 빵을 먹어요

(4) 어머니 생신이에요 •   • ④ 병원에 갔어요

(1) <u>배가 고파서 빵을 먹어요.</u>

(2) _____

(3) _____

(4) _____

3. '-아/어서'를 사용해서 대화를 완성하세요.

(1) A: 왜 이 음식을 안 먹어요? (너무 짜다)

　　B: <u>너무 짜서 안 먹어요</u>   .

(2) A: 이 영화를 볼 거예요? (재미없다)

　　B: 아니요, _____ .

(3) A: 아까부터 그 노래만 계속 들어요? (노래가 좋다)

　　B: _____ .

(4) A: 이 셔츠를 모두 다 샀어요? 정말 많군요. (값이 싸다)

　　B: 네, _____ .

(5) A: 어제 운동했어요? (시간이 없다)

　　B: 아니요, _____ .

04 ㅂ 불규칙

1. 표를 완성하세요.

기본형	-아/어요	-았/었어요	-아/어서
쉽다		쉬웠어요	
맵다			
어렵다			어려워서
즐겁다			
싱겁다			
돕다	도와요		

2. 알맞은 것을 골라 대화를 완성하세요.

맵다	돕다	어렵다	가깝다	반갑다

(1) A: 김치찌개 맛이 어때요?

　　B: 맛있어요. 그렇지만 조금 <u>매워요</u>.

(2) A: 안녕하세요? 저는 박영민이에요.

　　B: 안녕하세요? 저는 미셸이에요. 만나서 ＿＿＿＿＿＿＿＿＿.

(3) A: 약국이 어디 있어요?

　　B: 정문 근처에 있어요. 여기에서 ＿＿＿＿＿＿＿＿＿.

(4) A: 이 책을 안 읽을 거예요?

　　B: 네, 너무 ＿＿＿＿＿＿＿＿＿ 읽고 싶지 않아요.

(5) A: 주말에 뭐 했어요?

　　B: 친구가 이사를 해서 친구를 ＿＿＿＿＿＿＿＿＿.

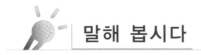

말해 봅시다

1. 알맞은 것을 고르세요.

(1)

> A: 학교 앞 식당은 어때요?
>
> B: _____.

① 서비스가 좋아요　　　　　　② 학교 앞에 있어요

(2)

> A: 오늘 냉면을 먹읍시다. 이 근처에 _____?
>
> B: 이화식당이 맛있어요.

① 무엇이 좋아요　　　　　　② 어디가 괜찮아요

(3)

> A: 이 사과는 _____?
>
> B: 아주 달아요.

① 맛이 어때요　　　　　　② 뭐가 맛있어요

2. 식당에서의 대화입니다. 대화를 완성하세요.

> 김수진　왕카이 씨, 뭐 먹을까요?
>
> 왕카이　이 식당은 _____?
>
> 김수진　불고기가 유명해요. 그리고 냉면도 _____.
>
> 왕카이　아 그래요? 냉면은 맛이 어때요?
>
> 김수진　짜지 않아요. 그리고 아주 시원해요. 왕카이 씨, _____?
>
> 왕카이　전 냉면을 먹고 싶어요. 수진 씨는요?
>
> 김수진　저도 냉면요.
>
> 왕카이　그럼 _____.

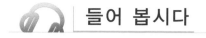 ## 들어 봅시다

1. 받아쓰기를 하세요.  7

(1) _____

(2) _____

(3) _____

(4) _____

(5) _____

2. 식당을 소개하는 대화입니다. 대화를 듣고 답하세요. 8

(1) 영민 씨는 카페테리아에 왜 자주 갑니까?

① 카페테리아는 서비스가 나쁩니다.

② 카페테리아는 음식이 맛있습니다.

③ 카페테리아는 학생 할인이 됩니다.

(2) 알맞은 것에 ✓표 하세요.

① 미셸 씨는 카페테리아에 자주 갑니다.　　　　　네 _____ 아니요 _____

② 신촌식당은 불고기를 잘합니다.　　　　　　　네 _____ 아니요 _____

③ 카페테리아에서 이탈리아 음식을 팝니다.　　　네 _____ 아니요 _____

메모

_____

_____

_____

읽고 써 봅시다

1. 좋아하는 음식에 대한 글입니다. 글을 읽고 알맞은 것에 ✓표 하세요.

> 요코 씨는 일본 사람입니다. 한국 음식을 좋아합니다. 특히 김치를 좋아합니다.
> 그래서 일본에 있는 한식집에서 자주 김치 음식을 먹었습니다.
> 요코 씨는 지난 휴가에 한국에 여행을 왔습니다. 제일 먼저 한국 음식을 먹으러
> 한식집에 갔습니다. 김치찌개를 먹었습니다. 한국 식당의 김치찌개는 일본 한식집
> 의 김치찌개보다 매웠습니다. 그렇지만 더 맛있었습니다.

(1) 요코 씨는 한국에서 처음 김치를 먹었습니다. 네 _____ 아니요 _____

(2) 한국의 김치찌개는 일본의 김치찌개보다 맵습니다. 네 _____ 아니요 _____

2. 식당 안내책에 있는 글입니다. 글을 읽고 답하세요.

> 여러분은 초콜릿을 좋아합니까? 저는 여러분에게 '커피와 초콜릿'을 소개하고 싶
> 습니다. '커피와 초콜릿'은 학교 정문 앞에 있는 커피숍입니다. 여기에서는 커피도
> 팔지만 초콜릿과 케이크도 팝니다. 초콜릿은 종류가 아주 많습니다. 그리고 비싸지
> 않습니다. 사장님이 커피숍에서 직접 초콜릿과 케이크를 만듭니다.
> 여러분도 초콜릿을 만들고 싶습니까? 이곳에서 일요일에 '초콜릿 교실'이 있습니
> 다. 손님들이 직접 초콜릿을 만듭니다. 초콜릿을 만든 후에 집에 가져갑니다. 여러
> 분도 한번 '초콜릿 교실'에 가 보세요.

(1) 이 사람은 무엇을 소개하고 있습니까?

　① 커피숍　　　　　　　　② 초콜릿

(2) 알맞은 것에 ✓표 하세요.

　① '커피와 초콜릿'은 학교 근처에 있습니다. 네 _____ 아니요 _____

　② 이곳에서 초콜릿과 케이크만 팝니다. 네 _____ 아니요 _____

　③ 일요일에 손님들도 초콜릿을 만듭니다. 네 _____ 아니요 _____

3. 다음을 보고 좋아하는 음식을 소개하는 글을 완성하세요.

무슨 음식을 좋아해요?	한국 음식(특히 비빔밥)
그 음식은 맛이 어때요?	조금 맵다, 맛있다
왜 그 음식을 좋아해요?	한국의 대표 음식이다, 야채가 많아서 건강에 좋다, 비싸지 않다
언제 처음 먹었어요?	한국에 온 후
어디에서 자주 먹어요?	회사 근처 식당

비빔밥

저는 한국에서 회사에 다닙니다. 저는 한국 음식을 좋아합니다. 특히 비빔밥을 좋아합니다.

비빔밥은 _____

_____

_____

_____

_____

_____

_____

_____

제 11 과 교통 *Transportation*

어휘

1. 알맞은 단어를 쓰세요.

(1)

___기차___

(2)

_____

(3)

_____

(4)

_____

(5)

_____

(6)

_____

2. 관계있는 것을 연결하세요.

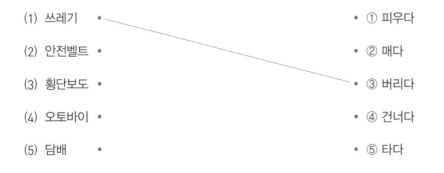

(1) 쓰레기 •

(2) 안전벨트 •

(3) 횡단보도 •

(4) 오토바이 •

(5) 담배 •

• ① 피우다

• ② 매다

• ③ 버리다

• ④ 건너다

• ⑤ 타다

3. 알맞은 것을 골라 쓰세요.

지하철역	횡단보도	버스 정류장	지하도	육교	공항

(1) 지하철역

(2) _____

(3) _____

(4) _____

(5) _____

(6) _____

4. 단어를 찾으세요.

사	공	찹	사	거	리
중	항	람	가	콘	물
자	외	출	구	서	중
면	허	증	막	매	진

(1) ○○○ 에서 오른쪽으로 가세요.

(2) 운전 ○○○ 을 따려고 해요. 그래서 운전학원에 다녀요.

(3) 서울역에서 내린 후에 1번 ○○ 로 나오십시오.

(4) 비행기를 타러 ○○ 에 갑니다.

(5) 영화관에 영화를 보러 갔습니다. 그렇지만 표가 없었습니다. ○○ 이었습니다.

준비합시다

01 (으)로(수단)

1. '(으)로'를 사용해서 대화를 완성하세요.

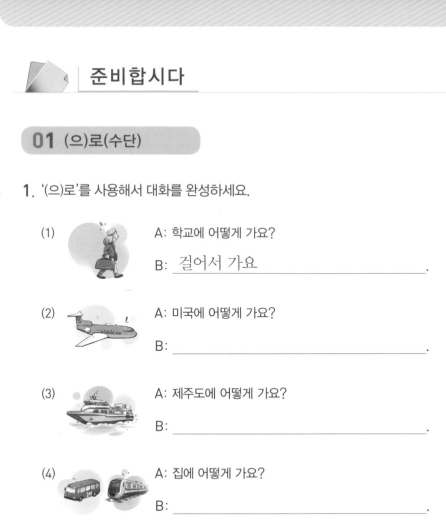

(1) A: 학교에 어떻게 가요?

B: <u>걸어서 가요</u> .

(2) A: 미국에 어떻게 가요?

B: _____ .

(3) A: 제주도에 어떻게 가요?

B: _____ .

(4) A: 집에 어떻게 가요?

B: _____ .

02 ㄷ 불규칙

1. 표를 완성하세요.

기본형	-아/어요	-(으)ㄹ 거예요
듣다	들어요	
묻다		물을 거예요
걷다		
*닫다	닫아요	닫을 거예요
*받다		

*는 규칙 동사임.

2. 알맞은 것을 골라 대화를 완성하세요.

듣다	묻다	걷다

(1) A: 서울역에 몇 번 버스로 가요?

B: 잘 모르겠어요. 영민 씨가 서울역 근처에서 살아요. 영민 씨에게 <u>물으세요</u>.

(2) A: 점심을 먹은 후에 뭐 할까요?

B: 공원에서 좀 _____.

(3) A: 한국어를 잘하고 싶어요. 어떻게 하면 좋아요?

B: 수업 시간에 열심히 공부하세요. 그리고 한국어 CD도 많이 _____.

(4) A: 이 식당을 어떻게 알았어요?

B: 어제 수진 씨에게 _____.

03 에서 ~까지

1. 그림을 보고 대화를 완성하세요.

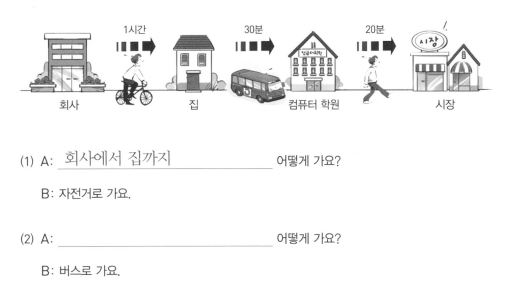

(1) A: <u>회사에서 집까지</u> 어떻게 가요?

B: 자전거로 가요.

(2) A: _____ 어떻게 가요?

B: 버스로 가요.

(3) A: _____ 어떻게 가요?

   B: 걸어서 가요

(4) A: _____ 자전거로 시간이 얼마나 걸려요?

   B: 1시간 걸려요.

04 -(으)려고 하다

1. 문장을 완성하세요.

   (1) 오늘은 제 생일입니다. 저녁에 친구들과 같이 <u>식사하려고 합니다</u> . (식사하다)

   (2) 이번 주말에 외식할 겁니다. _____ . (갈비를 먹다)

   (3) 한국어를 배운 후에 _____ . (한국에서 취직하다)

   (4) 지금 기숙사에서 살고 있습니다. 내년에 _____ . (하숙집에서 살다)

   (5) 살을 빼고 싶습니다. 내일부터 스포츠센터에서 _____ . (운동하다)

2. '-(으)려고 하다'를 사용해서 대화를 완성하세요.

   (1) A: 일요일에 뭐 할 거예요?

      B: 쇼핑할 거예요. 친구하고 같이 명동에 <u>가려고 해요</u> .

   (2) A: 주말에 뭐 할 거예요?

      B: 다음 주에 시험이 있어요. 그래서 집에서 _____ .

   (3) A: 휴가에 어디에서 묵을 거예요?

      B: 친구가 제주도에서 살아요. 친구 집에서 _____ .

   (4) A: 언제 결혼할 거예요?

      B: 내년쯤 _____ .

05 –(으)십시오

1. 표를 완성하세요.

기본형	–(으)십시오	–지 마십시오
가다	가십시오	가지 마십시오
타다		
앉다		
찍다		
듣다		
만들다		

2. 알맞은 것을 골라 문장을 쓰세요.

왼쪽으로 가다	주차하다	자전거를 타다	담배를 피우다	천천히 가다

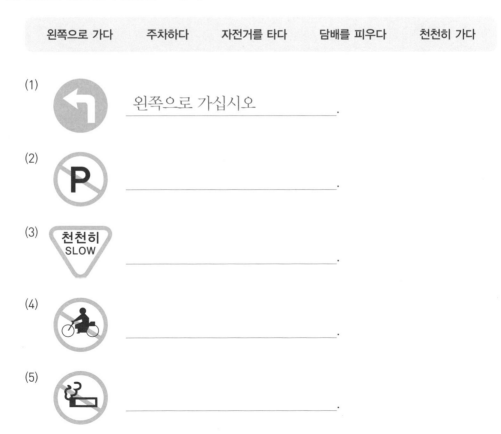

(1) 왼쪽으로 가십시오 .

(2) _____ .

(3) _____ .

(4) _____ .

(5) _____ .

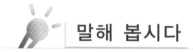 **말해 봅시다**

1. 알맞은 것을 고르세요.

(1)
> A: _____?
> B: 똑바로 가세요. 그리고 오른쪽으로 가세요.

① 여기에서 주유소에 어떻게 갑니까   ② 여기에서 주유소가 멉니까

(2)
> A: 집에서 학교까지 _____?
> B: 30분쯤 걸려요.

① 시간이 얼마나 걸려요   ② 어떻게 가요

(3)
> A: 도와주셔서 감사합니다.
> B: _____.

① 괜찮아요   ② 별말씀을요

2. 지하철 노선도를 보고 대화를 완성하세요.

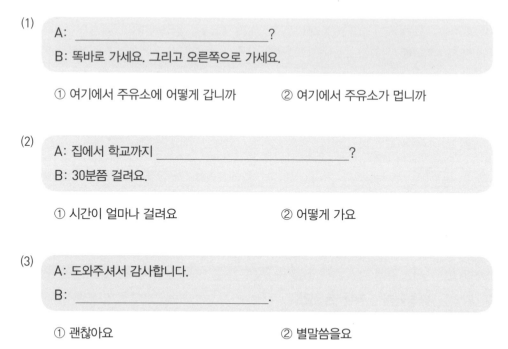

마이클 오늘 서울역에 가려고 해요. 그런데 신촌에서 서울역까지 어떻게 가요?

박영민 지하철로 가세요.

마이클 지하철로 어떻게 가요?

박영민 신촌역에서 2호선을 타세요. 그리고 _____

_____. 서울역에서 내리세요.

마이클 신촌에서 서울역까지 시간이 얼마나 걸려요?

박영민 _____.

들어 봅시다

1. 받아쓰기를 하세요.

(1) _____

(2) _____

(3) _____

(4) _____

(5) _____

2. 길을 묻는 대화입니다. 서점은 어디에 있습니까?

3. 기차표를 예매하는 대화입니다. 대화를 듣고 답하세요.

(1) 손님은 언제 출발합니까?

요일: _____   시간: _____

(2) 맞는 것에 ✓표 하시요.

① 손님은 혼자 대구에 갑니다   네 _____ 아니요 _____

② 일요일 오후 기차표는 매진입니다.   네 _____ 아니요 _____

③ KTX보다 새마을호가 빠릅니다.   네 _____ 아니요 _____

읽고 써 봅시다

1. 헤이리의 관광 코스에 대한 글입니다. 글을 읽고 답하세요.

여러분은 헤이리를 알고 있습니까? 헤이리는 경기도 파주시에 있는 예술 마을입니다. 서울에서 버스로 1시간 30분쯤 걸립니다. 헤이리에는 예쁜 집이 많습니다. 그리고 박물관과 커피숍도 많이 있습니다.

헤이리에 가고 싶습니까? 그러면 먼저 합정역에서 2002번 버스를 타십시오. 버스에서 내린 후에 영화 박물관에 가십시오. 영화 박물관에는 한국 영화와 외국 영화의 사진이 많이 있습니다. 영화 엽서와 장난감도 팝니다. 영화 박물관을 구경한 후에 그림 카페에 가십시오. 그림 카페에는 여러 가지 그림이 많이 있습니다. 커피와 케이크도 맛있습니다. 그다음에 한글 공예 박물관에 가십시오. 거기에서 한글 디자인의 옷을 직접 만들 수 있습니다. 헤이리에서는 가수들이 콘서트를 많이 합니다. 여러분도 콘서트를 보고 싶습니까? 그러면 헤이리 홈페이지에서 콘서트 정보를 미리 찾으십시오.

(1) 헤이리는 어디에 있습니까?

_____

(2) 관광 코스의 순서를 쓰세요.

① 영화 박물관 ⟶ ② (   ) ⟶ ③ (   )

(3) 맞는 것에 ✓표 하세요.

① 그림 카페에서 커피만 팝니다.   네 _____ 아니요 _____

② 콘서트 정보가 헤이리 홈페이지에 있습니다.   네 _____ 아니요 _____

2. 여행 정보를 보고 관광 코스를 소개하는 글을 완성하세요.

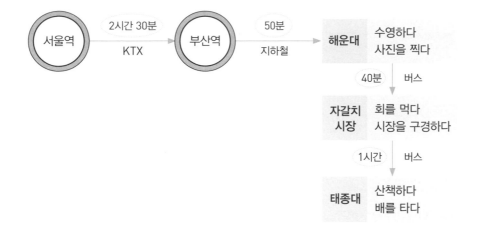

부산의 관광 코스

    여러분은 부산의 관광 코스를 알고 있습니까? 부산은 바다가 유명합니다.

회도 맛있습니다. 먼저 서울역에서 KTX를 타십시오. 서울에서 부산까지

KTX로 2시간 30분 정도 걸립니다. 부산역에서 내린 후에 해운대에 가십시

오. 부산역에서 해운대까지 지하철로 50분 걸립니다. 해운대에서 수영하십

시오. 그리고 사진도 찍으십시오. 그다음에＿＿＿＿＿＿＿＿＿＿＿＿＿＿＿

＿＿＿＿＿＿＿＿＿＿＿＿＿＿＿＿＿＿＿＿＿＿＿＿＿＿＿＿＿＿＿＿＿＿

＿＿＿＿＿＿＿＿＿＿＿＿＿＿＿＿＿＿＿＿＿＿＿＿＿＿＿＿＿＿＿＿＿＿

＿＿＿＿＿＿＿＿＿＿＿＿＿＿＿＿＿＿＿＿＿＿＿＿＿＿＿＿＿＿＿＿＿＿

＿＿＿＿＿＿＿＿＿＿＿＿＿＿＿＿＿＿＿＿＿＿＿＿＿＿＿＿＿＿＿＿＿＿

제12과 날씨 *Weather*

가 ㄷ | 어휘

1. 알맞은 단어를 쓰세요.

눈이 오다	비가 오다	비가 그치다	바람이 불다
맑다	춥다	흐리다	덥다	쌀쌀하다

(1)

눈이 오다

(2)

(3)

(4)

(5)

(6)

(7)

(8)

(9)

50

2. 관계있는 것을 골라 쓰세요.

계절	기분	겨울	기온

(1) 봄, 여름, 가을, 겨울   _____계절_____

(2) 영하, 영상, 도(℃)   _____

(3) 눈, 스키, 목도리, 장갑   _____

(4) 화가 나다, 걱정되다, 행복하다, 기쁘다   _____

3. 반대말을 연결하세요.

(1) 높다 •   • ① 시끄럽다

(2) 조용하다 •   • ② 낮다

(3) 맑다 •   • ③ 좁다

(4) 넓다 •   • ④ 두껍다

(5) 얇다 •   • ⑤ 작다

(6) 크다 •   • ⑥ 덥다

(7) 춥다 •   • ⑦ 흐리다

4. 단어를 찾으세요.

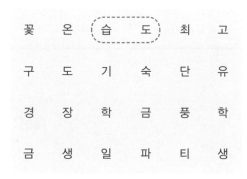

꽃	온	습	도	최	고
구	도	기	숙	단	유
경	장	학	금	풍	학
금	생	일	파	티	생

(1) 여름에 비가 많이 와서 ○○가 높아요.

(2) 이번 학기에 성적이 좋아서 ○○○을 받았어요.

(3) 내년에 프랑스에 공부하러 ○○을 가요.

(4) 가을에 한국 사람들은 ○○을 보러 산에 가요.

(5) 봄에 한국 사람들은 꽃을 보러 ○○○을 가요.

01 -고

1. 대화를 완성하세요.

(1) A: 오늘 서울의 날씨가 어때요? (춥다/비가 오다)

B: 춥고 비가 와요   .

(2) A: 오늘 뉴욕의 날씨가 어때요? (쌀쌀하다/바람이 불다)

B: _____ .

(3) A: 오늘 시드니의 날씨가 어때요? (덥다/비가 오다)

B: _____ .

(4) A: 오늘 베이징의 날씨가 어때요? (맑다/따뜻하다)

B: _____ .

02 (이)나

1. 대화를 완성하세요.

(1) A: 휴가에 어디에 갈까요? (부산, 제주도)

B: 부산이나 제주도에 갑시다   .

(2) A: 방학에 뭘 배울 거예요? (태권도, 한국 요리)

B: _____ .

(3) A: 오늘 점심에 뭘 먹을까요? (비빔밥, 만두, 떡국)

B: _____ .

03 –(으)면

1. 관계있는 것을 연결하고 '–(으)면'을 사용해서 문장을 완성하세요.

(1) 길이 막히다 •　　　　　　　　　　　• ① 병원에 가다

(2) 싱겁다 •　　　　　　　　　　　　　• ② 소금을 넣다

(3) 머리가 아프다 •　　　　　　　　　　• ③ 지하철을 타다

(4) 통역사가 되고 싶다 •　　　　　　　• ④ 외국어를 공부하다

(1) <u>　길이 막히면 지하철을 타세요　　　　　　　　　　　　</u>.

(2) <u>　　　　　　　　　　　　　　　　　　　　　　　　　　</u>.

(3) <u>　　　　　　　　　　　　　　　　　　　　　　　　　　</u>.

(4) <u>　　　　　　　　　　　　　　　　　　　　　　　　　　</u>.

2. 알맞은 것을 골라 대화를 완성하세요.

비행기 표가 있다	운전면허증을 따다	일찍 끝나다	일이 많다

(1) A: 방학에 유럽을 여행할 거예요?

　　B: 네. <u>　비행기 표가 있으면　</u> 여행할 거예요.

(2) A: 저녁에 동창 모임에 갈 거예요?

　　B: 네. 일이 <u>　　　　　　　　　　</u> 갈 거예요.

(3) A: 자동차를 살 거예요?

　　B: 네. 다음 달에 <u>　　　　　　　　　　</u> 살 거예요.

(4) A: 토요일에는 출근 안 해요?

　　B: 네. 보통 출근 안 해요. 그렇지만 <u>　　　　　　　　　　</u> 토요일에도 출근해요.

04 -(으)ㄴ/는

1. 표를 완성하세요.

기본형	-(으)ㄴ/는	기본형	-(으)ㄴ/는
크다	큰	길다	
예쁘다		춥다	추운
깨끗하다		무겁다	
좋다		맛없다	
많다		멋있다	

2. 글을 완성하세요.

요코 씨는 우리 반 친구예요. 마음이 ____따뜻한____ 사람이에요. 요코 씨는
                                    (따뜻하다)

모든 친구들에게 _____ 사람이에요. 그래서 인기가 많아요.
              (친절하다)

요코 씨는 남자 친구도 있어요. 요코 씨 남자 친구도 _____ 사람이
                                              (좋다)

에요. 키가 크고 _____ 사람이에요. 그리고 _____ 사람
              (착하다)   (재미있다)

이에요. 요코 씨는 한국 음식을 좋아해요. 요코 씨는 _____ 음식
                                              (싱겁다)

보다 _____ 음식을 좋아해요. 김치찌개를 가장 좋아해요. 요코
     (맵다)

씨는 한국 음악도 좋아해요. 그렇지만 _____ 댄스 음악을 좋아하지
                                  (시끄럽다)

않아요. _____ 음악을 좋아해요.
        (조용하다)

05 –겠–

1. 알맞은 것을 골라 대화를 완성하세요.

편하다	춥다	아프다	피곤하다

(1) A: 어제 이 운동화를 샀어요.

B: 그래요? 아주 <u>편하겠어요</u>.

(2) A: 밖에 눈이 오고 바람이 불어요.

B: 그래요? 오늘은 많이 _____.

(3) A: 오늘 시험이 있었어요. 그래서 어제 잠을 못 잤어요.

B: 그러면 _____.

(4) A: 수업 후에 2시간 동안 축구를 했어요.

B: 그러면 다리가 _____.

2. 알맞은 것을 골라 대화를 완성하세요.

(1) A: 마이클 씨, 40분 늦었어요. 빨리 갑시다.

B: 네, 빨리 갑시다. 수업이 벌써 (시작하겠어요, ⟨시작했겠어요⟩).

(2) A: 오늘 시험이 다 끝났어요.

B: 그래요? 기분이 (좋겠어요, 좋았겠어요).

(3) A: 지난 방학 동안 아르바이트를 했어요.

B: 그래요? 방학 동안 (바쁘겠어요, 바빴겠어요).

(4) A: 주말에 스키 타러 가려고 해요. 같이 갈까요?

B: 네, 좋아요. (재미있겠어요, 재미있었겠어요).

말해 봅시다

1. 알맞은 것을 고르세요.

(1)
A: 저는 볼링을 못 쳐요. _____.
B: 좋아요. 같이 치러 가요.

① 마이클 씨가 잘 쳐서 좋겠어요　　　　② 마이클 씨가 잘 치면 가르쳐 주세요

(2)
A: 다음 달에 서울에 가려고 해요. _____?
B: 비가 자주 와요. 그러니까 우산을 준비하세요.

① 뭘 준비하는 게 좋아요　　　　② 어떤 옷을 준비하는 게 좋아요

(3)
A: 크리스마스에 홍콩에 여행갈 거예요.
B: 그래요? _____.

① 정말 좋았어요　　　　② 정말 좋겠어요

2. 여행할 도시의 날씨에 대한 대화입니다. 정보를 보고 대화를 완성하세요.

11월 모스크바의 날씨　　　　－3 ～ －5℃

박영민　다음 주에 모스크바에서 회의가 있어요. 그래서 모스크바에 갈 거예요.

나타샤　그래요? 그럼 바쁘겠어요.

박영민　네. 그런데 _____?

나타샤　모스크바는 11월에 서울보다 많이 추워요. 기온이 보통 _____
_____. 바람도 불고 가끔 눈도 와요.

박영민　그래요? 많이 춥겠어요. 그럼 _____?

나타샤　따뜻한 옷을 준비하세요. 그리고 장갑과 목도리도 준비하는 게 좋아요.

들어 봅시다

1. 받아쓰기를 하세요.

(1) _____

(2) _____

(3) _____

(4) _____

(5) _____

2 듣고 알맞은 것을 연결하세요.

(1) 런던 •　　　　•① 　　•　　　　• ㉠ 34℃

(2) 뉴욕 •　　　　•② 　　•　　　　• ㉡ 25℃

(3) 파리 •　　　　•③ 　　•　　　　• ㉢ 11℃ ~ 15℃

(4) 도쿄 •　　　　•④ 　　•　　　　• ㉣ −5℃ ~ 3℃

(5) 방콕 •　　　　•⑤ 　　•　　　　• ㉤ −7℃

3. 일기예보를 듣고 답하세요.

(1) 내일 서울의 기온은 어떻습니까?

① −3℃ ~ 4℃　　　　② −4℃ ~ 3℃　　　　③ −4℃ ~ −3

(2) 알맞은 것에 ✓표 하세요.

① 서울은 내일 아침에 안개가 낄 겁니다.　　　　네 _____ 아니요 _____

② 서울은 모레 오후까지 눈이 올 겁니다.　　　　네 _____ 아니요 _____

③ 서울은 내일 밤부터 눈이 많이 올 겁니다.　　　　네 _____ 아니요 _____

1. 이메일입니다. 글을 읽고 답하세요.

> 수진 씨에게
>
> 안녕하세요? 수진 씨. 저는 다음 달 휴가에 가족과 함께 부산에 놀러 갈 거예요. 8월 6일부터 9일까지 3박 4일 동안 부산을 여행할 거예요. 그때 수진 씨가 시간이 있으면 좋겠어요. 우리 가족을 수진 씨에게 소개하고 싶어요. 우리 가족은 부산에서 맛있는 음식을 먹고 아름다운 경치도 보고 바다에서 수영도 할 거예요. 수진 씨, 부산에 가면 전화할게요.
>
> 미셸 드림

(1) 글의 내용과 같은 것은 무엇입니까?

① 미셸 씨는 8월 9일에 부산에 갈 겁니다.   ② 미셸 씨는 가족과 같이 부산에 갈 겁니다.

③ 수진 씨는 8월 6일에 시간이 있을 겁니다.

2. 서울 생활에 대한 글입니다. 글을 읽고 답하세요.

> 티엔 씨는 1년 전에 서울에 공부하러 왔습니다. 처음에는 서울 생활이 힘들었지만 지금은 아주 즐겁습니다. 티엔 씨는 특히 서울의 날씨를 좋아합니다. 서울은 봄, 여름, 가을, 겨울 4계절이 있습니다. 티엔 씨는 특히 따뜻한 봄과 추운 겨울을 좋아합니다. 봄에는 따뜻한 바람이 불고 예쁜 꽃도 핍니다. 지난봄에 티엔 씨는 친구들과 함께 꽃구경도 갔습니다. 꽃이 정말 아름다웠습니다. 서울에는 겨울에 눈이 많이 오고 춥습니다. 그렇지만 눈이 와서 재미있습니다. 티엔 씨 고향에는 눈이 오지 않습니다. 한국에서 눈을 처음 봤습니다. 이번 겨울에 눈이 오면 친구들과 함께 스키 타러 갈 겁니다.

(1) 알맞은 것에 ✓표 하세요.

① 티엔 씨는 봄과 겨울을 좋아합니다.　　　　　　　　네 _____ 아니요 _____

② 티엔 씨는 지난봄에 꽃구경을 갔습니다.　　　　　　네 _____ 아니요 _____

③ 티엔 씨는 지난겨울에 스키를 탔습니다.　　　　　　네 _____ 아니요 _____

3. 정보를 보고 이메일의 답장을 완성하세요.

제목   안녕하세요? 크리스예요.

받는 사람   박영민   보낸 사람   크리스

⟳ 텍스트모드 | 글꼴 ▾ | 크기 ▾ | 가 가 가 과 가 가 | 틀 틀 틀 ▾ | ⊙ ⊞ URL ≫ | ▣ ▨ ⊙ ≫

영민 씨에게

안녕하세요? 영민 씨. 잘 지내요? 저는 다음 달에 휴가예요. 그래서 서울에 여행하러 갈 거예요. 7월에 서울의 날씨는 어때요? 무엇을 준비하는 게 좋아요? ……

크리스 드림

⇩

제목   크리스 씨, 반가워요.

받는 사람   크리스   보낸 사람   박영민

⟳ 텍스트모드 | 글꼴 ▾ | 크기 ▾ | 가 가 가 과 가 가 | 틀 틀 틀 ▾ | ⊙ ⊞ URL ≫ | ▣ ▨ ⊙ ≫

크리스 씨에게

안녕하세요? 크리스 씨. 저는 잘 지내고 있어요. 크리스 씨, 다음 달 언제 서울에 도착해요? 비행기 표를 예약하면 저에게 날짜와 시간을 알려 주세요. 세가 공항에 마중 나갈게요.

서울은 7월에 _____

_____

_____

크리스 씨, 또 궁금한 것이 있으면 메일을 보내세요.

영민 드림

7월
서울 27 ~ 32℃   ☀ ☂   **준비물**
반팔 옷, 짧은 바지, 모자, 선글라스, 선크림, 우산

🔍 어휘

1. 알맞은 단어를 쓰세요.

통화하다	통화 중이다	전화를 잘못 걸다
전화를 바꿔 주다	전화를 끊다	문자를 보내다

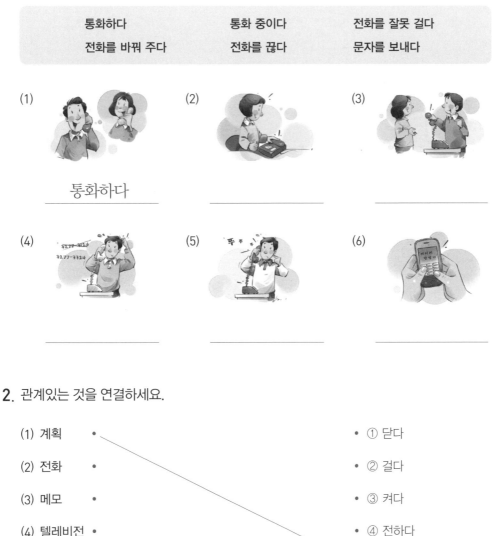

(1) 통화하다

(2)

(3)

(4)

(5)

(6)

2. 관계있는 것을 연결하세요.

(1) 계획 •

(2) 전화 •

(3) 메모 •

(4) 텔레비전 •

(5) 창문 •

• ① 닫다

• ② 걸다

• ③ 켜다

• ④ 전하다

• ⑤ 세우다

3. 알맞은 것을 골라 쓰세요.

바꿔 주세요	통화 중입니다	전화 바꿨습니다
잠깐만 기다리세요	전화 잘못 거셨습니다	

(1) A: 이치로 씨 댁입니까?

　　B: 네, 그런데요.

　　A: 이치로 씨 좀 <u>바꿔 주세요</u>　　　　　　　　　　　.

(2) A: 여보세요? 거기 마이클 씨 댁입니까?

　　B: 아니에요. ＿＿＿＿＿＿＿＿＿＿＿＿＿＿＿＿＿.

(3) A: 여보세요? 김미정 선생님 계십니까?

　　B: 네, ＿＿＿＿＿＿＿＿＿＿＿＿＿＿＿＿＿＿. (잠시 후)

　　김미정: 여보세요? ＿＿＿＿＿＿＿＿＿＿＿＿＿＿.

　　A: 선생님, 안녕하세요? 저는 요코입니다.

(4) A: 여보세요? 거기 서울호텔이지요? 307호실 부탁합니다.

　　B: 네. (잠시 후)

　　　지금 ＿＿＿＿＿＿＿＿＿＿＿＿＿. 잠시 후에 다시 걸어 주시겠습니까?

4. 단어를 찾으세요.

외	다	동	창	날	메
금	요	한	목	낮	모
연	일	극	장	수	래
석	잠	금	말	연	락

(1) 대학교 친구, 대학교 ○○

(2) 흡연석 ↔ ○○○

(3) 영화관에서 영화를 봅니다.
　　○○에서 연극을 봅니다.

(4) A: 여보세요? 리처드 씨 계십니까?
　　B: 지금 안 계신데요.
　　A: 그러면 ○○좀 부탁합니다.

준비합시다

1. 표를 완성하세요.

기본형	–지요?	–았/었지요?	–(으)ㄹ 거지요?
가다	가지요?		
입다		입었지요?	
전화하다	전화하지요?		
듣다			들을 거지요?
팔다			
돕다		도왔지요?	

2. '–지요'를 사용해서 대화를 완성하세요.

(1) A: 소라 씨가 <u>예쁘지요</u> ? (예쁘다)

　　B: 네, 정말 예뻐요.

(2) A: 이치로 씨는 _____? (프랑스어를 모르다)

　　B: 아니요, 알아요. 고등학교에서 3년 동안 배웠어요.

(3) A: 오늘 _____? (날씨가 춥다)

　　B: 네, 오늘이 어제보다 추워요.

(4) A: 어제 _____? (등산을 가다)

　　B: 아니요, 못 갔어요. 비가 와서 집에 있었어요.

(5) A: 내일 _____? (생일 파티에 가다)

　　B: 네, 갈 거예요. 그런데 아직 생일 선물을 못 샀어요.

02 –아/어 주다

1. 표를 완성하세요.

기본형	–아/어 주어요	–아/어 주세요
켜다		켜 주세요
빌리다	빌려 주어요	
확인하다		
닫다		
들다	들어주어요	
돕다		도와주세요

2. '–아/어 주다'를 사용해서 대화를 완성하세요.

(1) A: 실례합니다. 이 나무 앞에서 <u>사진 좀 찍어 주세요</u> . (사진을 찍다)

   B: 네, 사진기 주세요.

(2) A: 이번 주말에 같이 테니스를 할까요?

   B: 전 테니스를 잘 못해요. _____ . (가르치다)

(3) A: 이치로 씨, 부탁이 있어요. 오후에 _____ . (시간을 내다)

   B: 네, 좋아요. 5시까지는 시간이 있어요.

(4) A: 지금 옆 교실에서 시험을 보고 있어요. _____ . (조용히 하다)

   B: 네, 알겠습니다.

(5) A: 지금 한국어 수업이 있어요. 그런데 책을 안 가져왔어요.

   미안하지만 _____ . (책을 빌리다)

   B: 네, 여기 있어요.

03 에게서, 한테서

1. 알맞은 것을 골라 쓰세요.

한테	에서	한테서

(1) A: 마이클 씨 취직 소식을 어떻게 알았어요?

B: 요코 씨 __한테서__ 들었어요.

(2) A: 이 책을 도서관 _____ 빌렸어요?

B: 아니요, 친구 _____ 빌렸어요.

(3) A: 어제 누구 _____ 전화했어요?

B: 일본에 있는 가족 _____ 전화했어요.

(4) A: 이 자료를 어디에서 찾았어요?

B: 인터넷 _____ 찾았어요.

04 -(으)ㄹ게요

1. '-(으)ㄹ게요'를 사용해서 대화를 완성하세요.

(1) A: 이치로 씨, 나타샤 씨의 전화 번호 알아요? 알면 좀 가르쳐 주세요.

B: 네, __가르쳐 줄게요_____.

(2) A: 사전을 안 가져왔어요. 사전 좀 빌려 주세요.

B: 네, _____.

(3) A: 너무 졸려서 커피를 마시고 싶어요. 그런데 돈이 없어요. 커피 좀 사 주세요.

B: 네, _____.

2. 알맞은 것을 골라 대화를 완성하세요.

가져가다	담배를 끄다	일찍 오다
사진을 찍다	연락하다	

(1) A: 내일 북한산에 갈까요?

 B: 좋아요. 요즘 단풍이 예뻐요. 제가 사진기를 <u>가져갈게요</u> .

(2) A: 손님, 여기는 금연석이에요.

 B: 아, 미안합니다. 몰랐습니다. 지금 바로 _____ .

(3) A: 마이클 씨, 또 늦었어요. 지금이 몇 시예요?

 B: 죄송해요. 다음부터 _____ .

(4) A: 요코 씨, 수업 중에 사진을 찍지 마세요.

 B: 죄송합니다. _____ .

(5) A: 내일 왕카이 씨 송별회가 있어요. 그런데 우리 반 친구들이 몰라요.

 B: 걱정하지 마세요. 제가 친구들에게 _____ .

05 요

1. 대화를 완성하세요.

이치로 요코 씨, 어제 뭐 했어요? **요코** 쇼핑했어요. **이치로** 어디에서 쇼핑했어요? **요코** 명동에서 쇼핑했어요. **이치로** 뭐 샀어요? **요코** 모자하고 구두를 샀어요.

⇨

이치로 요코 씨, 어제 뭐 했어요? **요코** 쇼핑요. **이치로** 어디에서요? **요코** _____ . **이치로** 뭐 샀어요? **요코** _____ .

말해 봅시다

1. 알맞은 것을 고르세요.

(1)

A: 여보세요? 리처드 씨 집이지요? _____?

B: 네, 잠깐만 기다리세요.

① 리처드 씨 계세요　　　　　　② 리처드 씨 아세요

(2)

A: 여보세요? 거기 이화은행이지요? 요코 씨 좀 부탁합니다.

B: 요코 씨는 지금 회의 중이에요.

A: 그래요? 그러면 _____.

① 메모 전해 드리겠습니다　　　　　② 메모 좀 전해 주세요

(3)

A: 이치로 씨 계십니까?

B: 네, 전데요. _____?

① 실례지만 누구세요　　　　　　② 어떻게 알았어요

2. 전화로 메모를 남기는 대화입니다. 대화를 완성하세요.

요코　여보세요? 거기 이화여행사지요? 마이클 씨 _____?

미셸　_____. 외출 중이에요.

요코　그래요? 그러면 메모 좀 부탁합니다.

미셸　네, 말씀하세요.

요코　저는 마이클 씨의 대학교 동창 요코예요. 내일 수진 씨 송별회가 취소됐어

　　　요. 제가 저녁에 다시 전화하겠습니다.

미셸　네, 메모 _____.

요코　감사합니다. 안녕히 계세요.

 들어 봅시다

1. 받아쓰기를 하세요.

(1) _____

(2) _____

(3) _____

(4) _____

(5) _____

2. 전화로 식당에 예약하는 대화입니다. 대화를 듣고 메모하세요.

〈 예약 〉	
이름	미셸
연락처	010 – 2987 – 4537
날짜	( )월 ( )일
시간	저녁 ( )시 ( )분
인원	( )명
자리	□ 금연석 □ 흡연석

메모

_____

_____

_____

_____

읽고 써 봅시다

1. 동창 모임에 대한 글입니다. 글을 읽고 답하세요.

> 이번 주 토요일에 대학교 동창 모임이 있습니다. 친구들이 모두 바빠서 제가 장소를 예약했습니다. 모임 장소는 학교 정문 앞에 있는 신촌식당입니다. 10명쯤 올 겁니다. 조용한 창가 쪽 자리로 예약하고 싶었습니다. 그렇지만 창가 자리는 예약이 끝났습니다. 저는 입구 쪽 금연석으로 예약했습니다. 우리는 식당에서 같이 저녁을 먹고 노래방에 갈 겁니다.

(1) 이번 주 토요일에 누구를 만날 겁니까?

　① 대학교 친구　　　② 대학원 동창　　　③ 대학교 선생님

(2) 어떤 자리를 예약했습니까?

　① 창가 금연석　　　② 입구 흡연석　　　③ 입구 금연석

2. 반 친구의 생일 파티에 대한 글입니다. 글을 읽고 답하세요.

> 이번 주 토요일은 우리 반 요코 씨의 생일입니다. 그래서 저와 반 친구들은 요코 씨의 생일 파티를 준비하고 있습니다. 생일 파티는 티엔 씨의 집에서 저녁 6시에 할 겁니다. 우리는 멋있는 계획을 많이 세웠습니다. 이치로 씨가 일본 음식을, 잔느 씨가 프랑스 음식을 가져올 겁니다. 율리아 씨가 크고 예쁜 꽃다발을 직접 만들 겁니다. 우리는 요코 씨를 위해서 생일 축하 노래를 불러 줄 겁니다. 그래서 수업 후에 다같이 노래 연습을 하고 있습니다. 그리고 같이 선물을 사 주려고 합니다. 요코 씨는 액세서리를 좋아합니다. 그래서 저는 마이클 씨와 목걸이를 사러 명동에 갈 겁니다.
>
> 요코 씨는 아직 생일 파티 계획을 모릅니다. 토요일에 깜짝 놀랄 겁니다. 그리고 아주 기뻐할 겁니다.

(1) 생일 파티를 언제, 어디에서 합니까?

시간: 이번 주 토요일 _____   장소: _____

(2) 알맞은 것에 ✓표 하세요.

① 율리아 씨가 직접 케이크를 만들 겁니다.   네 _____ 아니요 _____

② 생일 선물은 액세서리를 줄 겁니다.   네 _____ 아니요 _____

③ 요코 씨는 생일 파티 계획을 친구한테서 들었습니다.   네 _____ 아니요 _____

3. 가족이나 친구의 생일 파티 계획을 메모하세요. 그리고 글을 쓰세요.

누구의 생일 파티를 합니까?	
언제, 어디에서 생일 파티를 할 겁니까?	
무엇을 해 줄 겁니까?	
누구를 초대할 겁니까?	

생일 파티 계획

_____

_____

_____

_____

_____

_____

제14과 약속 *Engagements*

1. 알맞은 단어를 쓰세요.

축구를 하다	골프를 치다	스키를 타다	태권도를 하다	조깅을 하다
테니스를 하다	야구를 하다	수영을 하다	농구를 하다	

(1) 축구를 하다

(2) _____

(3) _____

(4) _____

(5) _____

(6) _____

(7) _____

(8) _____

(9) _____

2. 알맞은 것을 고르세요.

(1) 미셸 씨는 매일 아침 머리를 (씻습니다, (감습니다)).

(2) 마이클 씨는 아침 식사를 한 후에 이를 (씻습니다, 닦습니다).

(3) 티엔 씨는 어제 넘어졌습니다. 다리를 (아팠습니다, 다쳤습니다).

(4) 왕카이 씨는 편한 신발을 좋아합니다. 보통 운동화를 (신습니다, 씁니다).

(5) 한국의 겨울은 춥습니다. 그래서 사람들은 두꺼운 옷을 (입습니다, 신습니다).

3. 관계있는 것을 연결하세요.

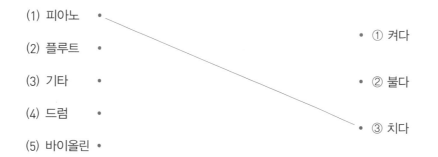

(1) 피아노 •

(2) 플루트 •

(3) 기타 •

(4) 드럼 •

(5) 바이올린 •

• ① 켜다

• ② 불다

• ③ 치다

4. 단어를 찾으세요.

문	선	몸	리	교	설
악	약	기	자	거	무
타	문	치	지	시	가
대	사	관	취	상	식
태	소	곤	학	생	증

(1) 샤워할 때 머리를 감은 후에 ○ 을 씻습니다.

(2) 다른 사람과 먼저 약속했습니다. ○○ 이 있습니다.

(3) 식사한 후 그릇을 닦습니다. ○○○ 를 합니다.

(4) 외국에 유학을 가려고 합니다. ○○○ 에서 비자를 신청하고 받습니다.

(5) 학교 도서관에서 책을 빌리려고 합니다. ○○○ 이 필요합니다.

01 −(으)ㄹ 수 있다

1. 표를 완성하세요.

기본형	−(으)ㄹ 수 있어요	−(으)ㄹ 수 없어요
타다	탈 수 있어요	
켜다		
쓰다		
만들다		
듣다		
돕다		도울 수 없어요

2. 대화를 완성하세요.

(1) A: 티엔 씨, 자전거를 탈 수 있어요?

  B: 그럼요. <u>탈 수 있어요</u>. 주말에 한강에서 자전거를 타요.

(2) A: 바이올린을 배우고 싶어요. 미셸 씨는 바이올린을 켤 수 있어요?

  B: 네, 중학생 때부터 배워서 _____.

(3) A: 요즘 운전학원에 다니고 있어요. 왕카이 씨는 운전할 수 있어요?

  B: 네, _____. 작년에 운전면허를 땄어요.

(4) A: 요즘도 요리 교실에 다니지요? 김치도 만들 수 있어요?

  B: 아니요, 아직 _____.

(5) A: 저는 골프를 아주 좋아해요. 마이클 씨는 골프를 칠 수 있어요?

  B: 아니요, _____. 배우지 않았어요.

02 못

1. '못'을 사용해서 문장을 완성하세요.

(1) 영민 씨는 지난달에 일본에 갔습니다. 아직 <u>일본어를 못 합니다</u>.

(2) 미셸 씨의 컴퓨터가 고장났습니다. 그래서 친구에게 이메일을 _____.

(3) 티엔 씨는 회사 일이 아주 많습니다. 그래서 저녁에 동창 모임에 _____.

(4) 마이클 씨는 지난 주말에 송별회에서 기타를 연주하려고 했습니다. 그렇지만 손을 다쳐서

기타를 _____.

(5) 왕카이 씨는 어제 책을 빌리러 도서관에 갔습니다. 그렇지만 학생증을 안 가져가서

책을 _____.

2. '못'을 사용해서 대화를 완성하세요.

(1) A: 야구할 수 있어요?

B: 아니요, <u>야구 못 해요</u>.

(2) A: 이 가방을 들 수 있어요?

B: 아니요, 너무 무거워서 _____.

(3) A: 드럼을 칠 수 있어요?

R: 아니요, _____. 안 배웠어요.

(4) A: 주말에 등산했어요?

B: 아니요, 비가 와서 _____.

(5) A: 민수 씨와 통화했어요?

B: 아니요, _____. 민수 씨가 전화를 안 받았어요.

03 –고(순서)

1. '–고'를 사용해서 문장을 쓰세요.

(1) 요코 씨는 수업 후에 점심을 먹은 후에 도서관에 갈 겁니다.

⇒ 요코 씨는 수업 후에 점심을 먹고 도서관에 갈 겁니다 .

(2) 미셸 씨는 식사 후에 설거지를 한 후에 텔레비전을 볼 겁니다.

⇒ _____ .

(3) 마이클 씨는 일요일 낮에 영화를 본 후에 낮잠을 잡니다.

⇒ _____ .

(4) 나타샤 씨는 오늘 아침에 커피를 마신 후에 신문을 읽었습니다.

⇒ _____ .

04 –기 전에

1. '–기 전에'를 사용해서 대화를 완성하세요.

(1) A: 운동한 다음에 숙제를 해요?

B: 아니요, 운동하기 전에 숙제해요 .

(2) A: 아침 식사 한 후에 테니스를 해요?

B: 아니요, _____ .

(3) A: 대학교에 입학한 후에 운전면허를 땄어요?

B: 아니요, _____ .

(4) A: 요코 씨, 티엔 씨를 만난 후에 도서관에 갈 거예요?

B: 아니요, _____ .

05 -아/어야 하다

1. 표를 완성하세요.

기본형	-아/어야 해요	-아/어야 합니다
바꾸다		바꿔야 합니다
내다		
신다	신어야 해요	
찍다		
쓰다		
돕다		

2. '-아/어야 하다'를 사용해서 대화를 완성하세요.

(1) A: 한국 친구 결혼식에 초대를 받았어요. 무슨 옷을 입어야 해요?

    B: _정장을 입어야 해요_____. (정장을 입다)

(2) A: 다음 학기에 장학금을 받고 싶어요. 어떻게 해야 해요?

    B: 모두 A⁺를 받아야 해요. 그리고 학기가 끝나기 전에 _____.
                                            (장학금 신청서를 내다)

(3) A: 이번 여름에 제주도에 여행을 가려고 해요. 여름에 숙소를 예약할 수 있지요?

    B: 제주도는 유명한 관광지여서 사람들이 여행을 많이 가요. _____.
                                              (미리 예약하다)

(4) A: 어제 이 옷을 샀어요. 그렇지만 마음에 안 들어서 교환하고 싶어요.

    B: _____. 옷을 입으면 바꿀 수 없어요.
       (그 옷을 입지 말다)

(5) A: 요즘 목이 계속 아파서 말을 할 수 없어요.

    B: 먼저 _____. 그리고 병원에 가세요.
           (담배를 피우지 않다)

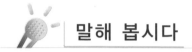

말해 봅시다

1. 알맞은 것을 고르세요.

(1)

> A: 우리 점심 약속이 내일이지요?
> B: 네, 맞아요.
> A: 미안하지만 _____?

① 약속을 토요일로 바꿀 거예요　　　② 약속을 토요일로 바꿀 수 있어요

(2)

> A: 오늘 퇴근 후에 _____.
> B: 좋아요, 그런데 무슨 일 있어요?

① 시간 좀 내 주세요　　　② 시간을 내고 싶어요

(3)

> A: 오늘 오후에 시간 있어요?
> B: 네, _____.

① 집에 일찍 가야 해요　　　② 다섯 시까지는 괜찮아요

2. 대화를 완성하세요.

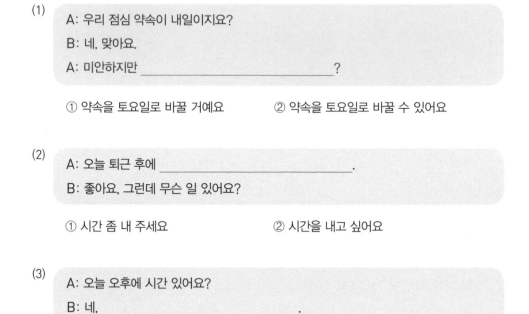

요코　영민 씨, 우리 저녁 약속이 이번 주 일요일이지요?

영민　네, 맞아요.

요코　미안하지만 약속을 _____?

영민　왜요? _____?

요코　월요일에 한국어 시험이 있어서 공부를 해야 해요. 정말 미안해요.

영민　괜찮아요. 그러면 약속을 바꿉시다.

요코　그럼 _____?

영민　좋아요. 수요일 저녁에 만납시다.

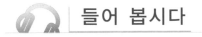

🎧 들어 봅시다

1. 받아쓰기를 하세요. ⑰ 💿

(1) _____

(2) _____

(3) _____

(4) _____

(5) _____

2. 주말 약속에 대한 대화입니다. 대화를 듣고 답하세요. ⑱ 💿

(1) 나타샤 씨는 언제, 어디에서 친구들을 만날 겁니까?

① 시간: 금요일 저녁 _____시

② 장소: 학교 앞 _____

(2) 나타샤 씨는 왜 약속에 늦습니까?

① 집에 일이 있습니다.

② 회사에 일이 있습니다.

③ 아파서 병원에 가야 합니다.

(3) 알맞은 것에 ✓표 하세요.

① 나타샤 씨는 약속 시간을 모릅니다.　　　　　　　　네 _____ 아니요 _____

② 나타샤 씨는 모임에 오기 전에 회사 동료를 만날 겁니다.　　네 _____ 아니요 _____

읽고 써 봅시다

1. 한국어를 잘 못해서 실수한 이야기입니다. 글을 읽고 답하세요.

> ### 인천 터미널? 이천 터미널?
>
> 저는 한국 문화를 체험하러 한국에 왔습니다. 그렇지만 한국어를 잘 못합니다. 지난주에 친구 영민 씨와 함께 도자기 공예를 배우러 이천에 가려고 했습니다. 약속 장소는 이천 터미널이었습니다.
>
> 저는 약속 장소까지 버스로 갔습니다. 한 시간 정도 지난 후에 터미널에 도착했습니다. 그렇지만 영민 씨가 오지 않아서 기다려야 했습니다. 잠시 후 영민 씨에게서 전화가 왔습니다.
>
> "티엔 씨, 어디예요? 아직 도착 안 했어요?"
> "아니요, 저는 벌써 왔어요. 영민 씨는 어디에 있어요?"
> "저는 터미널 앞에 있어요."
>
> 전화를 끊고 밖으로 나갔습니다. 그렇지만 영민 씨는 없었습니다. 저는 당황해서 버스표를 확인했습니다. 인천행 버스표였습니다.
>
> 가끔 한국어를 잘 못해서 이런 실수를 합니다. 그렇지만 한국 생활은 아주 즐겁습니다.

(1) 약속 장소는 어디였습니까?

① 이천 터미널   ② 인천 터미널

(2) 티엔 씨는 영민 씨를 왜 못 만났습니까?

① 약속에 늦어서   ② 버스를 잘못 타서   ③ 모임에 가지 않아서

(3) 알맞은 것에 √표 하세요.

① 티엔 씨는 한국어를 잘 못합니다.   네 _____ 아니요 _____

② 영민 씨는 약속 시간에 늦었습니다.   네 _____ 아니요 _____

2. 생일 파티 초대 이메일을 읽고 답장을 완성하세요.

제목   제 생일 파티에 올 수 있어요?

받는 사람   마이클   보낸 사람   수진

텍스트모드 | 글꼴 ▾ | 크기 ▾ | 가 가 가 가 가 가 | 三 三 三 | ▼ | ☺ ▯ URL ≫ ▢ ▯ ☺ ≫

   마이클 씨, 안녕하세요?

   저 수진이에요.

   마이클 씨, 이번 토요일에 시간이 있어요? 이번 토요일이 제 생일이에요. 그래서 친구들과 같이 저녁 식사를 하려고 해요. 바쁘지 않으면 오세요. 장소는 학교 근처 신촌식당이고 시간은 오후 6시예요. 마이클 씨도 오면 좋겠어요.

   그럼, 꼭 답장해 주세요.

                                              수진 드림

⇩

제목   같이 식사할 수 없어서 미안해요.

받는 사람   수진   보낸 사람   마이클

텍스트모드 | 글꼴 ▾ | 크기 ▾ | 가 가 가 가 가 가 | 三 三 三 | ▼ | ☺ ▯ URL ≫ ▢ ▯ ☺ ≫

   수진 씨, 안녕하세요?

   이번 토요일이 생일이에요? _____

_____

_____

_____

_____

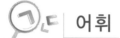

제15과 취미 *Hobbies*

어휘

1. 알맞은 것을 쓰세요.

(1)

피아노 치는 것

피아노 치기

(2)

_____

사진 찍기

(3)

그림 그리는 것

_____

(4)

_____

우표 모으기

(5)

영화 보는 것

_____

(6)

_____

음악 듣기

2. 관계있는 것을 연결하세요.

(1) 봉사활동 •   • ① 가입하다

(2) 김치 •   • ② 담그다

(3) 애완동물 •   • ③ 키우다

(4) 동호회 •   • ④ 열다

(5) 전시회 •   • ⑤ 하다

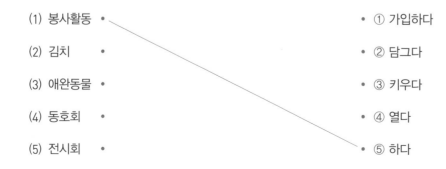

3. 알맞은 단어를 골라 쓰세요.

청바지	잡지	클래식	드라마	정장
소설	팝송	동창	운동복	대중가요
선배	뉴스	만화	코미디	남자 친구

(1) 옷
- 청바지
- 정장
- 운동복

(2) 책
-
-
-

(3) 음악
-
-
-

(4) 사람
-
-
-

(5) 프로그램
-
-
-

4. 단어를 찾으세요.

외	동	애	완	날	동
등	요	한	목	낮	호
산	미	병	실	수	회
화	잠	금	말	취	미

(1) 집에서 키우는 동물. ○○ 동물

(2) 학교에 교실이 있어요. 병원에는
○○ 이 있어요.

(3) 취미가 같은 사람들의 모임.
테니스 ○○○, 음악 ○○○

(4) 저는 수영하는 것을 좋아합니다.
제 ○○ 는 수영하기입니다.

준비합시다

01 –는

1. '–는'을 사용해서 대화를 완성하세요.

(1) A: 요즘 어떤 책을 읽어요?

B: 제가 지금 <u>읽는</u> 책은 한국 소설이에요.

(2) A: 보통 어디에서 점심을 먹어요?

B: 학교 근처 식당에서요. 요즘 자주 _____ 곳은 신촌식당이에요.

(3) A: 리하오 씨, 주말에 보통 뭐 해요?

B: 운동해요. 요즘 자주 _____ 운동은 축구하고 농구예요.

(4) A: 요즘 어떤 음악을 자주 들어요?

B: 제가 자주 _____ 음악은 조용한 클래식이에요.

02 –(으)ㄴ/(으)ㄹ

1. 표를 완성하세요.

기본형	–는	–(으)ㄴ	–(으)ㄹ
마시다		마신	
기다리다			
읽다	읽는		
입다			
듣다			들을
만들다	만드는		
돕다			도울

82

2. 알맞은 것을 고르세요.

(1) A: 어제 ((입은), 입는, 입을) 치마가 참 예뻤어요.

B: 그건 작년에 백화점에서 산 거예요.

(2) A: 리하오 씨, 얼굴이 안 좋아요. 어디 아파요?

B: 아침에 (먹은, 먹는, 먹을) 음식 때문에 속이 좋지 않아요.

(3) A: 마이클 씨는 어떤 노래를 좋아해요?

B: 제가 (좋아한, 좋아하는, 좋아할) 노래는 팝송이에요.

(4) A: 나타샤 씨, 오늘 저녁에 시간 있어요?

B: 오늘은 약속이 있어요. 저녁에 회사 일 때문에 (만난, 만나는, 만날) 사람이 있어요.

03 -아/어 보다

1. '-아/어 보다'를 사용해서 대화를 완성하세요.

(1) A: 김치찌개를 먹어 봤어요?

B: 아니요, <u>김치찌개를 안 먹어 봤어요</u>.

A: 그럼 한번 <u>먹어 보세요</u>. 조금 맵지만 맛있어요.

(2) A: 스키를 타 봤어요?

B: 아니요, _____.

A: 그럼 한번 _____. 정말 재미있어요.

(3) A: 스페인어를 배워 봤어요?

B: 아니요, _____.

A: 그럼 한번 _____. 생각보다 어렵지 않아요.

04 –아/어도 되다

1. '–아/어도 되다'를 사용해서 대화를 완성하세요.

(1) A: 선생님, 시험 중에 전자사전을 <u>사용해도 돼요</u> ?

　　B: 아니요, 사용하면 안 돼요.

(2) A: 교실이 너무 더워요. 에어컨을 _____?

　　B: 네, 켜세요.

(3) A: 바람이 많이 불어요. 창문을 _____?

　　B: 네, 닫아도 돼요.

(4) A: 이 옷을 _____?

　　B: 물론이에요. 손님, 저쪽에서 입어 보세요.

(5) A: 선생님, 숙제 공책을 안 가져왔어요. 숙제를 내일 _____?

　　B: 네, 내일 내세요.

05 –(으)면 안 되다

1. 표를 완성하세요.

기본형	–어/아도 돼요	–(으)면 안 돼요
보다	봐도 돼요	
쓰다		
앉다		
묻다		물으면 안 돼요
돕다	도와도 돼요	

2. '-(으)면 안 되다'를 사용해서 대화를 완성하세요.

(1) A: 수업 중에 빵을 먹어도 돼요?

B: 아니요, 빵을 먹으면 안 돼요 .

(2) A: 산에서 쓰레기를 버려도 돼요?

B: 아니요, .

(3) A: 미술관에서 사진을 찍어도 돼요?

B: 아니요, .

(4) A: 지하철에서 떠들어도 돼요?

B: 아니요, .

3. 기숙사 규칙을 보고 문장을 완성하세요.

〈기숙사 규칙〉

· 휴대전화를 사용하다 (ㅇ)　　· 음식을 만들다 (×)

· 휴게실에서 음악을 듣다 (ㅇ)　　· 애완동물을 키우다 (×)

· 담배를 피우다 (×)

(1) 기숙사에서 휴대전화를 사용해도 됩니다 .

(2) 기숙사 휴게실에서 .

(3) 기숙사에서 .

(4) 기숙사에서 .

(5) 기숙사에서 .

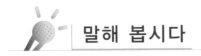

말해 봅시다

1. 알맞은 것을 고르세요.

(1)
> A: 취미가 뭐예요?
> B: 저는 _____.

① 사진 찍는 걸 좋아해요　　　　　② 사진 찍기를 배우려고 해요

(2)
> A: 저는 한국 노래에 관심이 많아요.
> B: 그러면 제가 가입한 _____.

① 노래 동아리에 들어갈게요　　　　② 노래 동아리에 들어오세요

(3)
> A: 이번 토요일에 우리 사진 동호회에서 전시회에 가는 거 알지요? 모두 9시까지 학교
>   정문으로 오세요.
> B: 그런데 _____?
> A: 꼭 카메라를 가지고 오세요. 그리고 점심도 준비해 오세요.

① 뭘 준비해야 돼요　　　　　　　　② 뭘 주의해도 돼요

2. 대화를 완성하세요.

> **요코** 미셸 씨는 _____?
>
> **미셸** 저는 운동하는 것을 좋아해요.
>
> **요코** 그러면 제가 가입한 테니스 동아리에 들어오는 게 어때요?
>
> **미셸** 테니스 동아리에서 _____?
>
> **요코** 매주 토요일에 같이 테니스를 쳐요. 그리고 테니스 대회도 해요.
>
> **미셸** 테니스 대회도 해요? 테니스 대회는 _____?
>
> **요코** 일년에 두 번 해요. 내일 모임이 있으니까 한번 와 보세요.

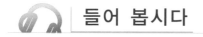 **들어 봅시다**

1. 받아쓰기를 하세요.

    (1) _____

    (2) _____

    (3) _____

    (4) _____

    (5) _____

2. 취미 생활에 대한 대화입니다. 대화를 듣고 답하세요.

    (1) 티엔 씨의 취미는 무엇입니까?

        ① 운동   ② 여행   ③ 사진 찍기

    (2) 영민 씨의 취미 생활에 대한 설명은 무엇입니까?

        ① 요즘 태권도 연습을 열심히 하고 있습니다.

        ② 고등학교 때부터 태권도를 배웠습니다.

        ③ 태권도 대회가 끝난 후에 사진을 배울 겁니다.

    (3) 알맞은 것에 ✓표 하세요.

        ① 티엔 씨는 태권도에 관심이 많습니다.   네 _____ 아니요 _____

        ② 티엔 씨는 지난 주말에 부산에 갔습니다.   네 _____ 아니요 _____

읽고 써 봅시다

1. 반 친구의 취미에 대한 글입니다. 글을 읽고 답하세요.

> 마이클 씨는 영국 사람입니다. 요리하는 것을 좋아합니다. 주말에 자주 반 친구들을 집으로 초대합니다. 지난 주말에도 친구들에게 맛있는 음식을 해 주었습니다. 특히 잘하는 요리는 스파게티와 피자입니다.
>
> 나타샤 씨는 러시아에서 왔습니다. 나타샤 씨의 취미는 그림 그리기입니다. 친구들에게 직접 그린 그림을 선물하는 것을 좋아합니다. 제 생일에도 제 얼굴을 그려 주었습니다.
>
> 미셸 씨는 프랑스 학생입니다. 무척 부지런합니다. 미셸 씨는 예쁜 민속 인형 모으는 것을 좋아합니다. 그리고 노래 부르는 것도 좋아합니다.

(1) 미셸 씨의 취미가 <u>아닌</u> 것을 고르십시오.

　① 노래 부르기　　　　② 요리하기　　　　③ 인형 모으기

(2) 알맞은 것에 ✓표 하세요.

　① 나타샤 씨는 직접 그린 그림은 선물하지 않습니다.　　　　네 ＿＿＿＿ 아니요 ＿＿＿＿

　② 마이클 씨가 잘하는 요리는 러시아 요리입니다.　　　　네 ＿＿＿＿ 아니요 ＿＿＿＿

2. 동아리에 대한 글입니다. 글을 읽고 답하세요.

> 저는 작년부터 댄스 동아리에서 활동하고 있습니다. 우리 동아리 이름은 '춤을 사랑하는 사람들'입니다. 우리는 새로 나온 댄스 음악을 같이 듣고 요즘 유행하는 춤을 춥니다. 우리는 일주일에 한 번씩 목요일에 만납니다. 처음에는 춤이 좋아서 이 동아리에 가입했습니다. 그런데 이 동아리에서 춤보다 더 중요한 것을 배웠습니다. 그것은 바로 친구들과의 우정입니다. 저는 지난 학기에 다리를 다쳐서 춤을 출 수 없었습니다. 그때 친구들이 저를 많이 도와주었습니다. 저는 앞으로도 이 동아리 활동을 계속할 겁니다.

(1) 이 사람은 동아리에서 무엇을 배웠습니까?

　　① 유행하는 팝송　　　　② 친구와의 우정　　　　③ 건강의 소중함

(2) 알맞은 것에 √표 하세요.

　　① 춤이 좋아서 댄스 동아리에 가입했습니다.　　　　　　　네 _____ 아니요 _____

　　② 발을 다친 후 동아리를 그만두었습니다.　　　　　　　　네 _____ 아니요 _____

3. 여러분의 취미를 메모하고 소개하는 글을 쓰세요.

취미가 무엇입니까?	
언제부터 시작했습니까?	
보통 언제 취미 생활을 합니까?	
어떤 점이 좋습니까?	

나의 취미

_____

_____

_____

_____

_____

_____

_____

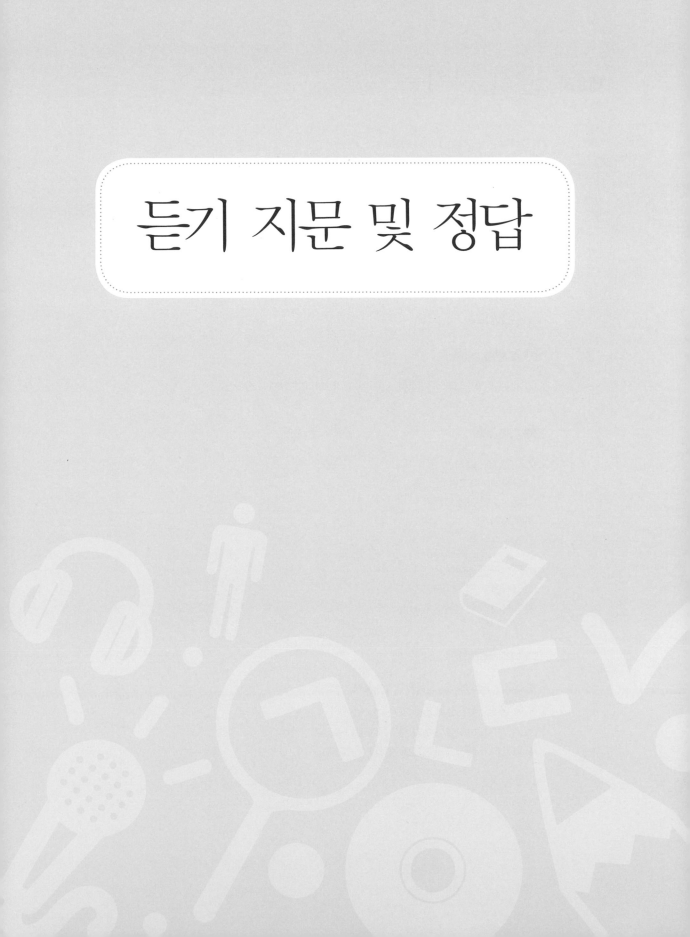

듣기 지문 및 정답

제8과 물건 사기 *Shopping*

어휘

1. (2) 만년필   (3) 장갑   (4) 향수   (5) 허리띠   (6) 넥타이

2. (2) 받다   (3) 팔다   (4) 싸다   (5) 높다

3. (2) ①   (3) ④   (4) ②   (5) ③

4. (2) 액세서리   (3) 장난감   (4) 생일카드   (5) 꽃바구니

준비합시다

01 명, 마리, 개

1. (2) 세 권(3권)   (3) 네 명(4명)   (4) 두 마리(2마리)   (5) 세 잔(3잔)

02 가격

1. (2) 이만 칠천팔십 원
(3) 사천백이십오만 삼천 원
(4) 육십오만 사백오십 원
(5) 백십만 원
(6) 칠십구만 원

2. (2) 구십구만 원이에요
(3) 십삼만 사천 원이에요
(4) 백이십일만 천 원이에요

03 에게, 한테

1. (2) 에게   (3) 에   (4) 에게   (5) 에게

2. (2) 선생님이 학생에게 수학을 가르칩니다
(3) 지난주에 마이클이 여자 친구에게 꽃다발을 주었습니다
(4) 왕카이가 동생에게 편지를 씁니다

04 보다

1. (2) 책상이 의자보다 더 많아요

(3) 버스가 자전거보다 더 빨라요

(4) 사과가 배보다 더 싸요

05 -지 않다

1.

기본형	-지 않아요	-지 않았어요
다니다	다니지 않아요	다니지 않았어요
쉬다	쉬지 않아요	쉬지 않았어요
읽다	읽지 않아요	읽지 않았어요
하다	하지 않아요	하지 않았어요
듣다	듣지 않아요	듣지 않았어요
만들다	만들지 않아요	만들지 않았어요

2. (2) 닮지 않았어요   (3) 살지 않았어요   (4) 먹지 않았어요   (5) 가지 않았어요

말해 봅시다

1. (1) ①   (2) ②   (3) ①

2.

요코	이번 주 일요일이 남자 친구 생일이에요.
수진	그래요? 생일 선물을 샀어요?
요코	아니요, 아직 사지 않았어요. 어떤 선물이 좋아요?
수진	시계가 어때요? 남자들은 멋있는 시계를 좋아해요.
요코	시계는 좀 비싸요. <u>다른 것은 뭐가 있어요?</u>
수진	그럼 지갑은 어때요? 시계보다 싸요.
요코	그래요. <u>지갑이 좋겠어요.</u> 고마워요.

들어 봅시다

1. (1) 빵 한 개하고 주스 세 병을 샀어요.

(2) 크리스마스 때 누구한테 뭘 선물했어요?

(3) 장갑이 시계보다 싸요.

(4) 이 가게는 백화점보다 비싸지 않습니다.

(5) 저는 한국 신문을 읽지 않아요.

2.

점원	어서 오세요.
손님	이 바지 얼마예요?
점원	24,000원이에요.
손님	저 티셔츠는 얼마예요?
점원	저건 17,000원이에요. 아주 예뻐요.
손님	이 모자는 얼마예요?
점원	8,000원이에요.

(1) 24,000원　(2) 17,000원　(3) 8,000원

3.

주인	어서 오세요. 뭘 찾으세요?
손님	양말 있어요?
주인	네, 이쪽에 여러 가지 있어요.
손님	이 양말은 얼마예요?
주인	한 켤레에 5,000원이에요.
손님	장갑하고 목도리는 어디 있어요?
주인	여기 있어요. 목도리는 지금 세일이에요.
손님	장갑도 세일이에요?
주인	아니요, 목도리만 이번 주까지 세일이에요.
손님	그래요? 이 목도리는 얼마예요?
주인	세일 가격은 24,000원이에요. 아주 예쁘지요?
손님	이 양말 두 켤레하고, 목도리 주세요. 얼마예요?
주인	모두 34,000원이에요.

(1) ① 5,000원　② 24,000원　(2) ②　(3) ③

읽고 써 봅시다

1. (1) 가방, 18,000(원)

(2) ① 아니요　② 아니요　③ 아니요

2. (1) 아니요　(2) 아니요　(3) 네　(4) 아니요　(5) 네

3.

명동에서

　저는 서울의 명동에서 자주 쇼핑합니다. 거기에서 옷, 화장품, 액세서리 등을 삽니다. 명동에는 가게가 많습니다. 그리고 물건 값이 비싸지 않습니다. 백화점보다 쌉니다. 그리고 점원이 외국어를 잘합니다. 그래서 아주 좋습니다. 저는 지난 주말에도 명동에서 쇼핑했습니다. 화장품을 샀습니다. 그리고 한식당에서 비빔밥을 먹었습니다. 아주 재미있었습니다.

제9과 계획 *Plans*

어휘

1. (2) ②　　(3) ①　　(4) ⑤　　(5) ④

2. (2) 여행　　(3) 운동　　(4) 한국 음식

3. (2) ④　　(3) ①　　(4) ③　　(5) ②

4.

	(3)			(4)	
중	전	동	진	계	획
까	문	물	(2) 예	트	창
(5) 생	가	(1) 정	구	매	진
신	허	리	꿍	소	막

준비합시다

01 의

1. (2) 요코의 화장품이에요　　(3) 왕카이의 신문이에요
　　(4) 마이클의 연필이에요　　(5) 왕카이의 휴대전화예요

1.

기본형	−(으)ㄹ 거예요	−(으)ㄹ 겁니다
가다	갈 거예요	갈 겁니다
입학하다	입학할 거예요	입학할 겁니다
먹다	먹을 거예요	먹을 겁니다
입다	입을 거예요	입을 겁니다
만들다	만들 거예요	만들 겁니다
듣다	들을 거예요	들을 겁니다

2.

이번 토요일에 제 친구가 한국에 올 겁니다. 그래서 저는 친구와 같이 인사동에 갈 겁니다. 점심은 비빔밥을 먹을 겁니다. 저녁에는 명동에서 쇼핑할 겁니다. 일요일 아침에는 한옥 마을에 갈 겁니다. 한옥마을에서 전통 결혼식을 구경할 겁니다. 저녁에 장을 볼 겁니다. 친구는 한국 요리를 좋아합니다. 친구와 같이 직접 잡채를 만들 겁니다.

1. (2) 커피를 마시고 있어요
   (3) 네, 신문을 읽고 있어요
   (4) 아니요, 음악을 듣고 있어요

1.

기본형	−(으)ㄴ 후에	기본형	−(으)ㄴ 후에
오다	온 후에	청소하다	청소한 후에
쓰다	쓴 후에	숙제하다	숙제한 후에
먹다	먹은 후에	만들다	만든 후에
씻다	씻은 후에	듣다	들은 후에

2.

김영민 씨는 아침 7시에 일어납니다. 그리고 샤워한 후에 아침을 먹습니다. 아침을 먹은 후에 커피를 마십니다. 커피를 마신 후에 9시까지 회사에 갑니다. 오전 9시부터 오후 6시까지 회사에서 일합니다. 6시 30분에 집에 돌아옵니다. 그리고 저녁 식사를 한 후에 텔레비전을 봅니다. 그리고 12시쯤 잡니다.

1. (2) 장을 보러 가요

(3) 편지를 보내러 가요

(4) 친구를 마중하러 갔어요

(5) 책을 읽으러 갔어요

2. (2) 운동하러 　(3) 영어를 가르치러 　(4) 영화를 보러 　(5) 사진을 찍으러 　(6) 꽃을 사러

말해 봅시다

1. (1) ① 　　(2) ② 　　(3) ①

2.

이치로	수진 씨, 휴가가 언제예요?
김수진	<u>7월 25일부터 8월 5일까지예요.</u>
이치로	휴가에 뭐 할 거예요?
김수진	<u>경주에 갈 거예요.</u>
이치로	거기에서 뭐 할 거예요?
김수진	<u>불국사를 구경할 거예요.</u>
이치로	어디에서 묵을 거예요?
김수진	<u>경주 호텔에서 묵을 거예요.</u>
이치로	그래요? 정말 좋겠어요.

들어 봅시다

1. (1) 이건 누구의 여권이에요?

(2) 아침에 공원을 산책할 거예요.

(3) 마이클 씨는 춤을 추고 있어요.

(4) 아침을 먹은 후에 학교에 갑니다.

(5) 부모님 생신 선물을 사러 백화점에 가요.

2.

미셸	이치로 씨, 수업이 끝난 후에 시간이 있어요?
이치로	네. 왜요?
미셸	저는 오늘 한국 요리를 배우러 문화센터에 갈 거예요. 우리 같이 가요.
이치로	좋아요. 그럼 점심을 먹은 후에 같이 가요.

(1) 네　　(2) 아니요　　(3) 아니요

3.

티엔	영민 씨, 안녕하세요? 저 티엔이에요.
영민	티엔 씨, 안녕하세요?
티엔	그런데 영민 씨, 이번 주 일요일에 시간이 있어요?
영민	10월 23일요? 네, 시간이 있어요. 그런데 왜요?
티엔	우리 반 친구들 모두 한강에 놀러 갈 거예요. 영민 씨도 오세요.
영민	네, 좋아요. 그런데 한강에서 뭐 할 거예요?
티엔	한강 공원에서 산책할 거예요. 산책한 후에 자전거도 탈 거예요. 자전거를 탄 후에 같이 점심을 먹을 거예요.
영민	재미있겠어요. 일요일 아침 몇 시에 갈 거예요?
티엔	10시에 갈 거예요.
영민	좋아요. 그럼, 일요일 아침에 만나요.

(1) (10)월 (23)일 (일)요일

(2) (산책하다) ⇨ 자전거를 타다 ⇨ (점심을 먹다)

읽고 써 봅시다

1. (1) 아니요　　(2) 아니요

2. (1) 순두부찌개　　(2) ① 네　② 아니요　③ 아니요

3.

미래 계획

　저는 지금 한국에서 살고 있습니다. 이화여자대학교 언어교육원에서 한국어를 배우고 있습니다. 5년 후에 저는 한국 회사에 취직할 겁니다. 그리고 결혼할 겁니다. 10년 후에 저는 아내와 아이들과 같이 여러 나라에 여행하러 갈 겁니다. 중국, 일본, 태국, 몽골, 미국, 독일, 프랑스에 갈 겁니다. 여러 나라를 여행한 후에 저는 직접 여행책을 쓸 겁니다. 여러분, 제 계획이 어떻습니까?

제10과 음식 *Food*

어휘

1. (2) ④   (3) ⑤   (4) ②   (5) ①

2. (2) 일본 음식   (3) 중국 음식   (4) 베트남 식당   (5) 이탈리아 음식

3. (2) 과일   (3) 야채   (4) 음료수   (5) 빵

4.

자	(3) 초	가	리	(5) 연	나
사	고	대	자	주	무
추	(4) 문	자	장	수	석
(1) 졸	업	카	쥐	줘	식
조	리	가	(2) 감	기	직

준비합시다

01 -(으)ㄹ까요, -(으)ㅂ시다

1. (2) 외식할까요   (3) 인사동에 갈까요   (4) 비빔밥을 먹을까요

2. (2) 라디오를 들읍시다
　　(3) 영화를 보지 맙시다
　　(4) 토요일에 송별회를 하지 맙시다

02 -고 싶다

1. (2) 여행을 하고 싶어요
　　(3) 프랑스에 가고 싶어요
　　(4) 피자를 먹고 싶지 않아요 (피자를 안 먹고 싶어요)
　　(5) 커피를 마시고 싶지 않아요 (커피를 안 마시고 싶어요)

1.

기본형	-아/어요	-아/어서
오다	와요	와서
듣다	들어요	들어서
바쁘다	바빠요	바빠서
(주부)이다	주부예요	주부여서 (주부라서)
(일요일)이다	일요일이에요	일요일이어서 (일요일이라서)

2. (2) ①　　(3) ④　　(4) ②

(2) 시험이 있어서 도서관에서 공부해요.

(3) 감기에 걸려서 병원에 갔어요.

(4) 어머니 생신이어서 선물을 사러 가요.

3. (2) 재미없어서 안 볼 거예요

(3) 노래가 좋아서 계속 듣고 싶어요 (노래가 좋아서 계속 들어요)

(4) 값이 싸서 모두 다 샀어요

(5) 시간이 없어서 운동 안 했어요

1.

기본형	-아/어요	-았/었어요	-아/어서
쉽다	쉬워요	쉬웠어요	쉬워서
맵다	매워요	매웠어요	매워서
어렵다	어려워요	어려웠어요	어려워서
즐겁다	즐거워요	즐거웠어요	즐거워서
싱겁다	싱거워요	싱거웠어요	싱거워서
돕다	도와요	도왔어요	도와서

2. (2) 반가워요　　(3) 가까워요　　(4) 어려워서　　(5) 도왔어요

말해 봅시다

1. (1) ①　　(2) ②　　(3) ①

2.

김수진	왕카이 씨, 뭐 먹을까요?
왕카이	이 식당은 <u>뭐가 맛있어요?</u>
김수진	불고기가 유명해요. 그리고 냉면도 <u>잘해요.</u>
왕카이	아 그래요? 냉면은 맛이 어때요?
김수진	짜지 않아요. 그리고 아주 시원해요. 왕카이 씨, 뭘 먹고 싶어요?
왕카이	전 냉면을 먹고 싶어요. 수진 씨는요?
김수진	저도 냉면요.
왕카이	그럼 냉면 둘 <u>시킵시다.</u>

들어 봅시다

1. (1) 뭘 시킬까요?
　(2) 송별회에 선생님을 초대합시다.
　(3) 주말에 뭘 하고 싶어요?
　(4) 수업에 늦어서 택시를 탔어요.
　(5) 김치가 조금 매워요.

2.

영민	미셸 씨는 보통 점심에 무엇을 먹어요?
미셸	전 한국 음식을 좋아해서 한식집에 자주 가요.
영민	그래요? 보통 어디에 자주 가요?
미셸	신촌식당에 자주 가요. 음식이 정말 맛있어요. 특히 불고기가 맛있어요. 영민 씨는 어디에 자주 가요?
영민	저는 학교 안에 있는 카페테리아를 좋아해요. 여러 나라의 음식을 팔아요. 학생은 할인이 돼서 자주 가요. 그리고 서비스도 좋아요.
미셸	그렇군요. 그럼 오늘 점심은 뭘 먹을까요?
영민	이탈리아 음식이 어때요?
미셸	좋아요. 그럼 카페테리아에 갑시다.

(1) ③　　(2) ① 아니요　② 네　③ 네

읽고 써 봅시다

1. (1) 아니요　　(2) 네
2. (1) ①　　(2) ① 네　② 아니요　③ 네

3.

> **비빔밥**
>
> 저는 한국에서 회사에 다닙니다. 한국 음식을 좋아합니다. 특히 비빔밥을 좋아합니다.
>
> 비빔밥은 한국의 대표 음식입니다. 전주비빔밥이 아주 유명합니다. 비빔밥은 별로 맵지 않습니다. 비빔밥에 야채가 많이 있어서 건강에 좋습니다. 그리고 비싸지 않습니다. 저는 한국에 온 후 처음 비빔밥을 먹었습니다. 아주 맛있었습니다.
>
> 회사 근처에 한식당이 많이 있습니다. 저는 점심 시간에 동료들과 자주 비빔밥을 먹으러 갑니다.

제11과 교통 *Transportation*

어휘

1. (2) 택시　(3) 버스　(4) 비행기　(5) 자전거　(6) 배

2. (2) ②　(3) ④　(4) ⑤　(5) ①

3. (2) 버스 정류장　(3) 공항　(4) 육교　(5) 지하도　(6) 횡단보도

4.

	(4)		(1)		
사	공	찹	사	거	리
중	항	람	가	콘	물
자	외	(3)출	구	서	중
(2)면	허	증	막	(5)매	진

준비합시다

01 (으)로(수단)

1. (2) 비행기로 가요　(3) 배로 가요　(4) 버스하고 지하철로 가요

1.

기본형	–아/어요	–(으)ㄹ 거예요
듣다	들어요	들을 거예요
묻다	물어요	물을 거예요
걷다	걸어요	걸을 거예요
*닫다	닫아요	닫을 거예요
*받다	받아요	받을 거예요

2. (2) 걸읍시다   (3) 들으세요   (4) 물었어요

03 에서 ~까지

1. (2) 집에서 컴퓨터 학원까지
　　(3) 컴퓨터 학원에서 시장까지
　　(4) 회사에서 집까지

04 –(으)려고 하다

1. (2) 갈비를 먹으려고 합니다
　　(3) 한국에서 취직하려고 합니다
　　(4) 하숙집에서 살려고 합니다
　　(5) 운동하려고 합니다

2. (2) 공부하려고 해요   (3) 묵으려고 해요   (4) 결혼하려고 해요

05 –(으)십시오

1.

기본형	–(으)십시오	–(으)지 마십시오
가다	가십시오	가지 마십시오
타다	타십시오	타지 마십시오
앉다	앉으십시오	앉지 마십시오
찍다	찍으십시오	찍지 마십시오
듣다	들으십시오	듣지 마십시오
만들다	만드십시오	만들지 마십시오

2. (2) 주차하지 마십시오
　　(3) 천천히 가십시오

(4) 자전거를 타지 마십시오

(5) 담배를 피우지 마십시오

말해 봅시다

1. (1) ①　　(2) ①　　(3) ②

2.

마이클	오늘 서울역에 가려고 해요. 그런데 신촌에서 서울역까지 어떻게 가요?
박영민	지하철로 가세요.
마이클	지하철로 어떻게 가요?
박영민	신촌역에서 2호선을 타세요. 그리고 <u>시청에서 1호선으로 갈아타세요</u>. 서울역에서 내리세요.
마이클	신촌에서 서울역까지 시간이 얼마나 걸려요?
박영민	<u>9분 걸려요.</u>

들어 봅시다

1. (1) 백화점에 걸어서 갑시다.

(2) 집에서 학교까지 20분(이십 분)쯤 걸립니다.

(3) 도서관에서 공부하려고 해요.

(4) 사거리에서 오른쪽으로 가십시오.

(5) 공항에서 학교까지 공항버스로 왔어요.

2.

티엔	저, 실례합니다. 근처에 서점이 있습니까?
영민	네, 사거리 왼쪽에 있습니다.
티엔	여기에서 어떻게 갑니까?
영민	똑바로 50m쯤 가세요. 그러면 지하철역이 있습니다. 지하철역에서 오른쪽으로 가십시오. 사거리가 나올 겁니다.
티엔	그 사거리에 서점이 있습니까?
영민	사거리에서 횡단보도를 건너세요. 그러면 은행이 있습니다. 은행 바로 옆에 서점이 있습니다.

④

3.

직원	어서 오세요.
손님	대구행 기차표를 사려고 합니다.
직원	언제 출발하실 겁니까?
손님	이번 주 일요일 아침 10시에요. 표가 있습니까?
직원	잠깐만요. 손님, 죄송합니다. 일요일 오전 표는 모두 매진입니다.
손님	그래요? 그럼, 오후 표는 있습니까?
직원	오후 1시 5분 새마을호와 3시 10분 KTX만 있습니다.
손님	네……. 가격이 어떻게 됩니까?
직원	KTX는 40,100원이고 새마을호는 30,100원입니다.
손님	그래요? 시간은 얼마나 걸립니까?
직원	KTX는 1시간 50분 걸리고 새마을호는 3시간 30분 걸립니다.
손님	그럼, 3시 10분 KTX로 한 장 주세요.
직원	네, 여기 있습니다.

(1) (이번 주) 일요일, 3시 10분   (2) ① 네 ② 아니요 ③ 아니요

읽고 써 봅시다

1. (1) 경기도 파주시

(2) ① 영화 박물관 ⇨ ② (그림 카페) ⇨ ③ (한글 공예 박물관)

(3) ① 아니요 ② 네

2.

<table>
<tr><td style="text-align:center">부산의 관광 코스</td></tr>
<tr><td>　　여러분은 부산의 관광 코스를 알고 있습니까? 부산은 바다가 유명합니다. 회도 맛있습니다. 먼저 서울역에서 KTX를 타십시오. 서울에서 부산까지 KTX로 2시간 30분 정도 걸립니다. 부산역에서 내린 후에 해운대에 가십시오. 부산역에서 해운대까지 지하철로 50분 걸립니다. 해운대에서 수영하십시오. 그리고 사진도 찍으십시오. 그다음에 자갈치 시장에 가십시오. 해운대에서 자갈치 시장까지 버스로 40분 걸립니다. 자갈치 시장에서 회를 드십시오. 아주 맛있습니다. 그리고 시장을 구경하십시오. 자갈치 시장을 구경한 후에 태종대에 가십시오. 자갈치 시장에서 태종대까지 버스로 1시간 걸립니다. 태종대에서 산책하십시오. 그리고 배도 타십시오. 정말 재미있습니다.</td></tr>
</table>

제12과 날씨 | *W e a t h e r*

어휘

1. (2) 맑다
　(3) 비가 오다
　(4) 바람이 불다
　(5) 비가 그치다
　(6) 흐리다
　(7) 덥다
　(8) 쌀쌀하다
　(9) 춥다

2. (2) 기온　　(3) 겨울　　(4) 기분

3. (2) ①　　(3) ⑦　　(4) ③　　(5) ④　　(6) ⑤　　(7) ⑥

4.

(5) 꽃	온	(1) 습	도	최	고
구	도	기	숙	(4) 단	(3) 유
경	(2) 장	학	금	풍	학
금	생	일	파	티	생

준비합시다

01 –고

1. (2) 쌀쌀하고 바람이 불어요
　(3) 덥고 비가 와요
　(4) 맑고 따뜻해요

02 (이)나

1. (2) 태권도나 한국 요리를 배울 거예요
　(3) 비빔밥이나 만두나 떡국을 먹읍시다

03 –(으)면

1. (2) ②   (3) ①   (4) ④

　(2) 싱거우면 소금을 넣으세요

　(3) 머리가 아프면 병원에 가세요

　(4) 통역사가 되고 싶으면 외국어를 공부하세요

2. (2) 일찍 끝나면　　(3) 운전면허증을 따면　　(4) 일이 많으면

04 –(으)ㄴ/는

1.

기본형	–(으)ㄴ/는	기본형	–(으)ㄴ/는
크다	큰	길다	긴
예쁘다	예쁜	춥다	추운
깨끗하다	깨끗한	무겁다	무거운
좋다	좋은	맛없다	맛없는
많다	많은	멋있다	멋있는

2. 친절한, 좋은, 착한, 재미있는, 싱거운, 매운, 시끄러운, 조용한

05 –겠–

1. (2) 춥겠어요　　(3) 피곤하겠어요　　(4) 아프겠어요

2. (2) 좋겠어요　　(3) 바빴겠어요　　(4) 재미있겠어요

말해 봅시다

1. (1) ②　　(2) ①　　(3) ②

2.

박영민	다음 주에 모스크바에서 회의가 있어요. 그래서 모스크바에 갈 거예요.
나타샤	그래요? 그럼 바쁘겠어요.
박영민	네. 그런데 <u>11월에 모스크바 날씨는 어때요?</u>
나타샤	모스크바는 11월에 서울보다 많이 추워요. 기온이 보통 <u>−3℃에서 −5℃쯤 돼요.</u> 바람도 불고 가끔 눈도 와요.
박영민	그래요? 많이 춥겠어요. 그럼 <u>어떤 옷을 준비하는 게 좋아요?</u>
나타샤	따뜻한 옷을 준비하세요. 그리고 장갑과 목도리도 준비하는 게 좋아요.

들어 봅시다

1. (1) 한국의 여름 날씨는 어때요?

(2) 케이크가 맛있겠어요.

(3) 눈이 오면 스키나 보드를 타러 가요.

(4) 저는 키가 큰 사람을 좋아해요.

(5) 내일 서울은 비가 오고 기온이 영하 2℃(이 도)쯤 될 거예요.

2. (1) 런던은 내일 아침부터 비가 오고 기온은 11℃~15℃쯤 되겠습니다.

(2) 뉴욕은 내일 흐리고 -7℃로 춥겠습니다.

(3) 파리는 내일 오후부터 눈이 오고 -5℃~3℃쯤 되겠습니다.

(4) 도쿄는 내일 아침에 바람이 많이 불고 25℃쯤 되겠습니다.

(5) 방콕은 내일 맑고 기온은 34℃로 덥겠습니다.

(1) ② - ㉢   (2) ④ - ㉤   (3) ⑤ - ㉣   (4) ① - ㉡   (5) ③ - ㉠

3.

> 안녕하세요? 일기예보 시간입니다.
>
> 내일 서울의 날씨입니다. 내일 서울 아침 최저 기온은 -4℃, 낮 최고 기온은 3℃로 춥겠습니다. 아침에는 차가운 바람이 불고 안개가 끼겠습니다. 따뜻한 옷을 입으시고 아침 운전을 조심하세요. 그리고 밤부터 눈이 많이 오겠습니다. 눈은 모레 오전에 그치겠습니다. 내일의 날씨였습니다.

(1) ②   (2) ① 네   ② 아니요   ③ 네

읽고 써 봅시다

1. (1) ②

2. (1) ① 네   ② 네   ③ 아니요

3.

> **크리스 씨에게**
>
> 안녕하세요? 크리스 씨. 저는 잘 지내고 있어요. 크리스 씨, 다음 달 언제 서울에 도착해요? 비행기 표를 예약하면 저에게 날짜와 시간을 알려 주세요. 제가 공항에 마중 나갈게요.
>
> 서울은 7월에 많이 더워요. 27℃에서 32℃쯤 돼요. 여름옷을 가져오세요. 짧은 바지와 반팔 옷을 가져오세요. 특히 낮에는 많이 덥고 해가 뜨거워요. 그러니까 선크림과 선글라스와 모자를 준비하는 게 좋아요. 그리고 여름에 비가 자주 와요. 우산도 가져 오세요.
>
> 크리스 씨, 또 궁금한 것이 있으면 메일을 보내세요.
>
> 영민 드림

제13과 전화 *Telephone*

어휘

1. (2) 전화를 끊다

   (3) 전화를 바꿔 주다

   (4) 전화를 잘못 걸다

   (5) 통화 중이다

   (6) 문자를 보내다

2. (2) ②　　(3) ④　　(4) ③　　(5) ①

3. (2) 전화 잘못 거셨습니다　　(3) 잠깐만 기다리세요, 전화 바꿨습니다　　(4) 통화 중입니다

4.

외	다	(1) 동	창	날	(4) 메
(2) 금	요	한	목	낮	모
연	일	(3) 극	장	수	래
석	잠	금	말	연	락

준비합시다

01 –지요

1.

기본형	–지요?	–았/었지요?	–(으)ㄹ 거지요?
가다	가지요?	갔지요?	갈 거지요?
입다	입지요?	입었지요?	입을 거지요?
전화하다	전화하지요?	전화했지요?	전화할 거지요?
듣다	듣지요?	들었지요?	들을 거지요?
팔다	팔지요?	팔았지요?	팔 거지요?
돕다	돕지요?	도왔지요?	도울 거지요?

2. (2) 프랑스어를 모르지요　　(3) 날씨가 춥지요　　(4) 등산을 갔지요　　(5) 생일 파티에 갈 거지요

02 –아/어 주다

1.

기본형	–아/어 주어요	–아/어 주세요
켜다	켜 주어요	켜 주세요
빌리다	빌려 주어요	빌려 주세요
확인하다	확인해 주어요	확인해 주세요
닫다	닫아 주어요	닫아 주세요
들다	들어주어요	들어주세요
돕다	도와주어요	도와주세요

2. (2) 좀 가르쳐 주세요   (3) 시간 좀 내 주세요   (4) 조용히 좀 해 주세요   (5) 책 좀 빌려 주세요

03 에게서, 한테서

1. (2) 에서, 한테서   (3) 한테, 한테   (4) 에서

04 –(으)ㄹ게요

1. (2) 빌려 줄게요   (3) 사 줄게요

2. (2) 담배를 끊을게요   (3) 일찍 올게요   (4) 사진을 안 찍을게요   (5) 연락할게요

05 요

1. 명동에서요, 모자하고 구두요

말해 봅시다

1. (1) ①   (2) ②   (3) ①

2.

요코	여보세요? 거기 이화여행사지요? 마이클 씨 <u>계세요?</u>
미셸	<u>지금 자리에 안 계신데요.</u> 외출 중이에요.
요코	그래요? 그러면 메모 좀 부탁합니다.
미셸	네, 말씀하세요.
요코	저는 마이클 씨의 대학교 동창 요코예요. 내일 수진 씨 송별회가 취소됐어요. 제가 저녁에 다시 전화하겠습니다.
미셸	네, 메모 <u>전해 드리겠습니다.</u>
요코	감사합니다. 안녕히 계세요.

들어 봅시다

1. (1) 금연석으로 예약해 주세요.
   (2) 세종대왕이 한글을 만들었지요?
   (3) 다른 친구들한테 내가 연락할게요.
   (4) 다음 달 첫 번째 토요일요.
   (5) 동아리 모임을 학교 친구한테서 들었어요.

2.

직원	여보세요? 이화식당입니다.
미셸	11월 28일에 예약하려고 하는데요.
직원	죄송합니다, 손님. 그날 예약 손님이 많아서 예약이 끝났습니다.
미셸	아, 그래요? 그러면 27일은요?
직원	27일은 가능합니다. 몇 분이세요?
미셸	15명요. 그러면 27일 저녁 7시 반으로 예약해 주세요. 참! 금연석으로 해 주세요. 그리고 창가 쪽 자리로 부탁합니다.
직원	네, 그렇게 해 드릴게요. 손님 성함과 연락처를 말씀해 주세요.
미셸	저는 미셸이에요. 전화번호는 010-2987-4537이에요.
직원	네, 예약되셨습니다. 그날 오시면 입구에서 손님의 성함을 말씀해 주세요.
미셸	네, 감사합니다.

〈 예약 〉

이름	미셸
연락처	010 - 2987 - 4537
날짜	(11)월 (27)일
시간	저녁 (7)시 (30)분
인원	(15)명
자리	☑ 금연석　□ 흡연석

읽고 써 봅시다

1. (1) ①　　(2) ③

2. (1) 저녁 6시, 티엔 씨의 집
   (2) ① 아니요　② 네　③ 아니요

생일 파티 계획

　　이번 주 일요일은 우리 언니의 생일입니다. 그래서 우리 가족들은 언니의 생일 파티를 준비하고 있습니다. 생일 파티는 우리 집에서 할 겁니다. 우리는 멋있는 계획을 많이 세웠습니다. 아버지가 케이크를, 어머니가 맛있는 요리를, 제가 예쁜 꽃다발을 준비할 겁니다. 그리고 언니의 친구들을 초대했습니다. 언니 친구들은 언니를 위해서 생일 축하 노래를 불러 줄 겁니다. 우리 가족은 언니에게 생일카드를 써 줄 겁니다. 언니는 향수를 좋아합니다. 그래서 어머니와 제가 향수를 사러 백화점에 갈 겁니다. 언니는 아직 생일 파티 계획을 모릅니다. 일요일에 깜짝 놀랄 겁니다. 그리고 아주 기뻐할 겁니다.

제14과 약속 _Engagements_

어휘

1. (2) 야구를 하다　　(3) 농구를 하다　　(4) 스키를 타다　　(5) 테니스를 하다
　　(6) 골프를 치다　　(7) 태권도를 하다　　(8) 수영을 하다　　(9) 조깅을 하다

2. (2) 닦습니다　　(3) 다쳤습니다　　(4) 신습니다　　(5) 입습니다

3. (2) ②　　(3) ③　　(4) ③　　(5) ①

4.

문	(2) 선	(1) 몸	리	교	(3) 설
악	약	기	자	거	무
타	문	치	지	시	사
(4) 대	사	관	쥐	상	식
태	소	곤	(5) 학	생	증

준비합시다

01 -(으)ㄹ 수 있다

1.

기본형	-(으)ㄹ 수 있어요	-(으)ㄹ 수 없어요
타다	탈 수 있어요	탈 수 없어요
켜다	켤 수 있어요	켤 수 없어요
쓰다	쓸 수 없어요	쓸 수 없어요
만들다	만들 수 있어요	만들 수 없어요
듣다	들을 수 있어요	들을 수 없어요
돕다	도울 수 있어요	도울 수 없어요

2. (2) 켤 수 있어요   (3) 운전할 수 있어요   (4) 만들 수 없어요   (5) 칠 수 없어요

02 못

1. (2) 못 보냅니다   (3) 못 갑니다   (4) 못 쳤습니다   (5) 못 빌렸습니다
2. (2) 못 들어요   (3) 못 쳐요   (4) 등산 못 했어요   (5) 통화 못 했어요

03 -고(순서)

1. (2) 미셸 씨는 식사 후에 설거지를 하고 텔레비전을 볼 겁니다
   (3) 마이클 씨는 일요일 낮에 영화를 보고 낮잠을 잡니다
   (4) 나타샤 씨는 오늘 아침에 커피를 마시고 신문을 읽었습니다

04 -기 전에

1. (2) 아침 식사 하기 전에 테니스를 해요
   (3) 대학교에 입학하기 전에 운전면허를 땄어요
   (4) 티엔 씨를 만나기 전에 도서관에 갈 거예요

05 -아/어야 하다

1.

기본형	-아/어야 해요	-아/어야 합니다
바꾸다	바꿔야 해요	바꿔야 합니다
내다	내야 해요	내야 합니다
신다	신어야 해요	신어야 해요

찍다	찍어야 해요	찍어야 합니다
쓰다	써야 해요	써야 합니다
돕다	도와야 해요	도와야 합니다

2. (2) 장학금 신청서를 내야 해요   (3) 미리 예약해야 해요
   (4) 그 옷을 입지 말아야 해요   (5) 담배를 피우지 않아야 해요

말해 봅시다

1. (1) ②   (2) ①   (3) ②

2.

요코	영민 씨, 우리 저녁 약속이 이번 주 일요일이지요?
영민	네. 맞아요.
요코	미안하지만 약속을 <u>다음 주로 바꿀 수 있어요</u>?
영민	왜요? <u>무슨 일 있어요</u>?
요코	월요일에 한국어 시험이 있어서 공부를 해야 해요. 정말 미안해요.
영민	괜찮아요. 그러면 약속을 바꿉시다.
요코	그럼 <u>수요일 저녁은</u> 어때요?
영민	좋아요. 수요일 저녁에 만납시다.

들어 봅시다

1. (1) 요코는 운전을 할 수 있습니다.
   (2) 미셸은 자전거를 탈 수 없어요.
   (3) 마이클은 수영을 못 해요.
   (4) 먼저 머리를 감고 몸을 씻어요.
   (5) 인터넷을 하기 전에 숙제해야 해요.

2.

나타샤	여보세요. 이치로 씨, 저 나타샤예요.
이치로	안녕하세요, 나타샤 씨.
나타샤	뭐 좀 물어보려고요. 우리 이번 주 금요일 저녁에 만나지요? 장소가 어디예요?
이치로	학교 앞에 있는 한식집이에요.
나타샤	제가 그날 회사에 일이 있어서 30분쯤 늦을 거예요. 회사 동료를 잠깐 만나야 해요.

이치로	알겠어요. 시간은 알지요?
나타샤	네, 저녁 6시지요?
이치로	네, 맞아요.
나타샤	그럼 금요일에 만나요.

(1) ① 6시   ② 한식집   (2) ②   (3) ① 아니요   ② 네

읽고 써 봅시다

1. (1) ①   (2) ②   (3) ① 네   ② 아니요

2.

제 목	같이 식사할 수 없어서 미안해요		
받는 사람	수진	보낸 사람	마이클

수진 씨, 안녕하세요?

이번 토요일이 생일이에요? 정말 축하해요.

저도 생일 파티에 가고 싶어요. 그렇지만 다음 주 월요일에 아주 중요한 시험이 있어요. 그래서 이번 주말에는 공부를 해야 해요. 그 시험에 합격해야 장학금을 받을 수 있어요. 정말 미안해요.

다음 주에 같이 식사합시다. 제가 살게요.

그럼 시험 끝나고 제가 전화할게요.

마이클 드림

제15과 취미 *Hobbies*

어휘

1. (2) 사진 찍는 것   (3) 그림 그리기   (4) 우표 모으는 것   (5) 영화 보기   (6) 음악 듣는 것

2. (2) ②   (3) ③   (4) ①   (5) ④

3. (2) 잡지, 소설, 만화
   (3) 클래식, 팝송, 대중가요
   (4) 동창, 선배, 남자 친구
   (5) 드라마, 뉴스, 코미디

4.

		(1)			(3)
외	동	애	완	날	동
등	요	한	목	낮	호
산	미	(2)병	실	수	회
화	잠	금	말	(4)취	미

준비합시다

01 –는

1. (2) 가는　(3) 하는　(4) 듣는

02 –(으)ㄴ/(으)ㄹ

1.

기본형	–는	–(으)ㄴ	–(으)ㄹ
마시다	마시는	마신	마실
기다리다	기다리는	기다린	기다릴
읽다	읽는	읽은	읽을
입다	입는	입은	입을
듣다	듣는	들은	들을
만들다	만드는	만든	만들
돕다	돕는	도운	도울

2. (2) 먹은　(3) 좋아하는　(4) 만날

03 –아/어 보다

1. (2) 안 타 봤어요, 타 보세요　(3) 안 배워 봤어요, 배워 보세요

04 –아/어도 되다

1. (2) 켜도 돼요　(3) 닫아도 돼요　(4) 입어 봐도 돼요　(5) 내도 돼요

1.

기본형	–어/아도 돼요	–(으)면 안 돼요
보다	봐도 돼요	보면 안 돼요
쓰다	써도 돼요	쓰면 안 돼요
앉다	앉아도 돼요	앉으면 안 돼요
묻다	물어도 돼요	물으면 안 돼요
돕다	도와도 돼요	도우면 안 돼요

2. (2) 쓰레기를 버리면 안 돼요

　(3) 사진을 찍으면 안 돼요

　(4) 떠들면 안 돼요

3. (2) 음악을 들어도 됩니다

　(3) 담배를 피우면 안 됩니다

　(4) 음식을 만들면 안 됩니다

　(5) 애완동물을 키우면 안 됩니다

말해 봅시다

1. (1) ①　　(2) ②　　(3) ①

2.

요코	미셸 씨는 취미가 뭐예요?
미셸	저는 운동하는 것을 좋아해요.
요코	그러면 제가 가입한 테니스 동아리에 들어오는 게 어때요?
미셸	테니스 동아리에서 뭐 해요?
요코	매주 토요일에 같이 테니스를 쳐요. 그리고 테니스 대회도 해요.
미셸	테니스 대회도 해요? 테니스 대회는 얼마나 자주 해요?
요코	일년에 두 번 해요. 내일 모임이 있으니까 한번 와 보세요.

들어 봅시다

1. (1) 한복을 입어 봤어요?

　(2) 산에서 밥을 해도 돼요?

　(3) 병실에서 담배를 피우면 안 돼요.

　(4) 저는 사진 찍는 것을 좋아해요.

　(5) 지난번에 초대장을 보낸 사람이 누구예요?

2.

영민	티엔 씨는 취미가 뭐예요?
티엔	저는 사진 찍는 것을 좋아해요.
영민	주로 어디에서 사진을 찍어요?
티엔	저는 사진을 찍으러 산이나 바다에 자주 가요. 지난 주말에도 사진을 찍으러 부산에 가려고 했어요. 그런데 비가 와서 못 갔어요. 영민 씨는 시간이 있으면 보통 뭐 해요?
영민	저는 운동을 해요. 다음 달에 태권도 대회가 있어서 요즘 열심히 연습하고 있어요.
티엔	아, 그래요? 태권도는 언제부터 했어요?
영민	초등학교 때부터요.
티엔	저도 태권도에 관심이 많아요. 배워 보고 싶어요.
영민	티엔 씨, 제가 가르쳐 줄게요.
티엔	정말요? 전 언제든지 괜찮아요. 영민 씨가 편한 시간에 가르쳐 주세요.
영민	그럼 태권도 대회가 끝난 후에 가르쳐 줄게요.
티엔	네, 고마워요.

(1) ③   (2) ①   (3) ① 네   ② 아니요

읽고 써 봅시다

1. (1) ②   (2) ① 아니요   ② 아니요

2. (1) ②   (2) ① 네   ② 아니요

3.

나의 취미

　제 취미는 피아노 치기입니다. 피아노 연주를 듣는 것도 좋아합니다. 저는 초등학생 때부터 피아노를 배웠습니다. 텔레비전에서 피아노 연주를 보았습니다. 예쁜 옷을 입고 피아노를 치는 모습이 멋있었습니다. 그래서 집 근처 피아노 학원에서 피아노를 배웠습니다. 어렵지만 재미있었습니다. 피아노를 배운 후 가족들 앞에서 치는 것이 즐거웠습니다. 주말에 가끔 아버지, 어머니, 동생이 노래를 부르고 제가 피아노를 칩니다. 가족들과 즐거운 시간을 보낼 수 있습니다. 작년에는 친구 결혼식 때 제가 피아노 연주를 해 주었습니다. 친구가 무척 기뻐했습니다. 피아노를 잘 치면 소중한 사람들과 멋진 추억을 많이 만들 수 있습니다.

지은이 소개

이미혜 이화여자대학교 교육대학원 외국어로서의 한국어교육전공 조교수
이화여자대학교 국어국문학과 박사

구재희 이화여자대학교 언어교육원 강사
이화여자대학교 국어국문학과 박사

박선현 이화여자대학교 언어교육원 강사
한국외국어대학교 교육대학원 외국어로서의 한국어교육전공 석사

안소정 이화여자대학교 언어교육원 강사
고려대학교 문화유산학 협동과정 박사 과정

오유영 이화여자대학교 언어교육원 전임강사
이화여자대학교 한국학과 박사 수료

MP3 목차

• 본 교재의 듣기 자료는 이화여자대학교출판문화원 홈페이지(www.ewhapress.com) '자료실'에서 내려받을 수 있습니다.